W0244157

BASTEI
LÜBBE
Paperback

Robert Wolf

Das große Chicago Spielbuch

BASTEI LÜBBE
Paperback

BASTEI-LÜBBE-PAPERBACK
Band 28 195

Erste Auflage: Oktober 1990

© Copyright 1990 by Bastei-Verlag
Gustav H. Lübbe GmbH & Co., Bergisch Gladbach
All rights reserved
Lektorat: Helmut W. Pesch
Illustrationen: Hasan Koçbay
Titelillustration: Salvador Faba
Umschlaggestaltung: Quadro Grafik, Bensberg
Satz: Fotosatz Steckstor, Bensberg
Druck und Verarbeitung:
Clausen & Bosse, Leck
Printed in Germany
ISBN 3–404–28195–0

Der Preis dieses Bandes versteht sich einschließlich
der gesetzlichen Mehrwertsteuer.

Einführung

Rollenspielbücher, eine Kombination aus Roman und Spiel, sind nun schon seit mehreren Jahren auf dem Markt und erfreuen sich nach wie vor großer Beliebtheit. Bei den bisherigen Veröffentlichungen geht es meist um heldenhafte Abenteuer in Fantasy- und Sagenwelten. Der Leser/Spieler schlüpft in die Rolle eines jungen Recken und muß sich mit muskelstrotzenden Kriegern, bösartigen Zauberern und schrecklichen Ungeheuern herumschlagen. Aber so spannend und phantasievoll die Handlungsfäden in diesen mythischen Welten auch geknüpft sein mögen – nach dem Absolvieren diverser einschlägiger Abenteuer kommt es mehr oder weniger zwangsläufig zu gewissen Wiederholungseffekten. Die Spielsituationen beginnen sich zu ähneln, der Reiz des Neuartigen verliert sich, es geschieht nichts mehr, was den Leser/Spieler wirklich überrascht und in seinen Bann schlägt. Darum lag der Gedanke nahe, ein Spielabenteuer in einer ganz anderen Szenerie anzusiedeln. Und was könnte sich dazu besser eignen als der Rahmen eines kniffligen Kriminalromans bzw. der eines aktionsreichen Gangsterfilms?

Die Handlung des vorliegenden Buchs spielt im Chicago des Jahres 1933, in jener geschichtlichen Periode also, die von den Nachwehen der großen Weltwirtschaftskrise, vom organisierten Verbrechen unter dem berüchtigten Al Capone und von der Prohibition, dem staatlich verordneten Alkoholverbot in den Vereinigten Staaten, geprägt wurde. Sie als Leser übernehmen die Rolle eines hartgesottenen Privatdetektivs, der die Aufgabe hat, einen komplizierten Kriminalfall nach besten Kräften zu lösen. Wie sich der Fall letzten Endes gestaltet und welchen Ausgang er nimmt, wird weitgehend von Ihnen selbst bestimmt.

Das ganze Buch ist in eine Vielzahl von Handlungsabschnitten aufgeteilt, die jeweils mit einer Nummer gekennzeichnet sind. Am Ende jeder Textpassage werden in der Regel mehrere Alternativen aufgezeigt, die eine unterschiedliche Weiterentwicklung des Geschehens herbeiführen. Sie treffen die Entscheidung, welcher Alternative Sie den Vorzug geben möchten, und finden dann einen Verweis auf den Abschnitt, bei dem sie weiterlesen müssen. Sie sind, wenn der Text nichts anderes bestimmt, in Ihrer Entscheidung völlig frei und kommen im allgemeinen mit Logik und gesundem Menschenverstand am weitesten. Zu berücksichtigen sind dabei allerdings auch die vorab von Ihnen festzulegenden Stärken und Schwächen Ihres Spielcharakters sowie das Geld, das er in seiner Brieftasche hat.

Ihr Held besitzt insgesamt neun berufstypische Fähigkeiten und Eigenschaften, die von Körperkraft und Reaktionsvermögen bis hin zu persönlicher Ausstrahlung und zum ›sechsten Sinn‹ des instinktsicheren Meisterdetektivs reichen. Eine komplette Auflistung der Talente finden Sie im Spielerprotokoll auf der rückwärtigen Umschlagseite. Die einzelnen Fähigkeiten werden in einer Stufenskala ausgedrückt, die von von 1 bis 6 geht – je höher, desto besser. Sie bestimmen selbst, welche Niveaustufe Ihr Charakter jeweils haben soll, und tragen sie im Protokoll ein. Zu Beginn des Abenteuers stehen Ihnen dreißig Punkte zur Verfügung, die Sie nach Belieben auf die neun Talente verteilen können, jedoch unter der Maßgabe, daß jede Fähigkeit ein Mindestniveau von 1 aufweisen muß. Außerdem dient ein Teil dieser dreißig Punkte Ihrer anfänglichen finanziellen Ausstattung. Für jeden Punkt, den Sie den neun Fähigkeiten nicht zuteilen, können Sie sich in der Protokollspalte ›Geld‹ einen Dollar gutschreiben.

Die Fähigkeiten Ihres Detektivs müssen Sie während des Abenteuers in zahlreichen Textstellen einer sogenannten ›Probe‹ unterziehen. Für jede Niveaustufe einer Fähigkeit dürfen Sie jeweils einmal mit einem Würfel würfeln, wobei es darauf ankommt, eine möglichst hohe Augenzahl zu erreichen.

Um dies an einem Beispiel zu erläutern: Angenommen, das Niveau Ihres Beobachtungsvermögens steht auf Stufe 3, und Sie werden aufgefordert, eine Probe dieser Fähigkeit abzulegen. Am Ende des entsprechenden Spielabschnitts sind drei Alternativen angegeben – 1 oder 2, 3 oder 4 sowie 5 oder 6.

Sie dürfen dreimal würfeln, entsprechend Ihrer Niveaustufe. Wenn schon beim ersten Wurf eine 5 oder 6 fällt, erübrigen sich weitere Würfe – Sie haben bereits die günstigste Alternative geschafft. Kommen Sie jedoch nur auf 1 oder 2 Augen, ist zumindest ein zweiter Wurf sinnvoll. Fallen diesmal 3 oder 4 Augen, müssen Sie überlegen, ob Sie sich mit der mittelprächtigen Alternative zufriedengeben wollen. Sie könnten auch noch den Ihnen bei Niveaustufe 3 zustehenden dritten Wurf machen, gehen dann jedoch das Risiko ein, daß nur eine 1 oder 2 fällt und Sie somit mit der ungünstigeren Alternative vorlieb nehmen müßten.

Im Verlauf des Abenteuers wird Ihr Held einer ganzen Reihe von anderen Spielcharakteren begegnen, Örtlichkeiten kennenlernen und Beobachtungen machen, die bei der Lösung des Falles von Wichtigkeit sein könnten. Wie jeder gute Detektiv sollten Sie sich daher Notizen machen. Zu diesem Zweck finden Sie auf der vorderen Umschlagseite ein geeignetes Merkblatt.

Noch eins sei hier kurz erwähnt: Mehrere Handlungsabschnitte geben Ihrem Detektiv die Möglichkeit, das beliebte amerikanische Glücksspiel ›Blackjack‹ zu spielen. Blackjack ist mehr oder weniger identisch mit dem hierzulande üblichen ›Siebzehn und vier‹ und wird mit zweiundfünfzig Karten gespielt. Ziel des Spiels ist es, Karten im Gesamtwert von 21 Augen – oder eine der ›magischen‹ 21 möglichst nahe Augenzahl – in die Hand zu bekommen. Die Zahlenkarten 2 bis 10 haben dabei den aufgedruckten Wert, die Bilderkarten Bube, Dame und König zählen 10 Augen, das As kann wahlweise mit 1 oder 11 bewertet werden. Hat ein Spieler mehr als 21 Augen in der Hand, verliert er automatisch, ansonsten gewinnt der Spieler mit der höheren Augenzahl. Bei gleicher Augenzahl trägt stets der Bankhalter den Sieg davon. Mehr brauchen Sie sich an dieser Stelle nicht zu merken, denn Spielablauf sowie Einsatz-

und Verdopplungsregeln werden in den entsprechenden Textabschnitten detailliert beschrieben.

So, jetzt haben Sie eigentlich alle Spielinformationen, die zur Bewältigung des vor Ihnen liegenden Kriminalfalls erforderlich sind. Nehmen Sie einen Würfel – falls nicht vorhanden, können Sie sich auch der auf der rückwärtigen Umschlagseite abgedruckten Würfeltabelle bedienen – und einen Bleistift zur Hand, verteilen Sie die Ihnen zur Verfügung stehenden 30 Punkte auf die neun Fähigkeiten und auf das Geldkonto und wenden Sie sich dem ersten Textabschnitt zu. Lassen Sie sich jedoch nicht entmutigen, wenn Ihr Held früher oder später in eine Situation gerät, die ihn abrupt scheitern läßt oder gar umbringt! Jeder Mißerfolg verschafft Ihnen die nötige Erfahrung, die es Ihnen ermöglichen wird, beim nächsten Versuch ein gutes Stück weiterzukommen, bis Sie letzten Endes als meisterhafter Superdetektiv dastehen, der den großen Fall auf optimale Art und Weise gelöst hat . . .

1

Sie sitzen in einem Speakeasy, einer jener zahllosen illegalen Kneipen, von denen es in Chicago trotz des staatlichen Alkoholverbots nur so wimmelt. Ihre Lage ist im Moment nicht gerade berauschend. Einen Auftrag hat Ihr Ein-Mann-Detektivbüro schon seit Wochen nicht mehr erhalten, gestern sind Sie von Ihrer Freundin verlassen worden und mit den Dollars, die Sie in der Tasche haben, werden Sie bestimmt auch nicht mehr allzu weit kommen.

Die anderen Gäste, die die schmierige Kaschemme bevölkern, scheinen auch nicht besser dran zu sein als Sie. Es handelt sich ausnahmslos um abgerissene, schlecht rasierte Typen, die schweigsam und mit teilweise schon glasigen Augen in ihre Drinks starren.

Ja, sagen Sie sich, das Leben ist wirklich nur noch im Suff zu ertragen. Deshalb bestellen Sie bei dem fetten Barkeeper hinter dem Tresen lautstark

eine Tasse Tee → 20

einen doppelten Whiskey → 41

2

Wie ein Pfeil, der von der Sehne schnellt, jagen Sie zu Ihrem Chevy hinüber und springen hinein. In Rennfahrermanier legen Sie ein schneidiges Wendemanöver hin und biegen Augenblicke später in die Clark Street ein. Gerade noch rechtzeitig, denn Morellis Luxuslimousine hat sich
23 ← bereits in Bewegung gesetzt.

3

Typen, die ihre Spielschulden nicht zahlen, sind äußerst unbeliebt. Das findet nicht nur der Bankhalter. Auch die anderen Mitspieler sind hellauf empört.
Die Blackjack-Runde findet statt

24 ← im ›Charly's‹

157 ← bei Chuck Potter

291 ← im ›Ace of Spades‹

4

Die Befragung anderer Schülerinnen und des übrigen Lehrkörpers führt zu nichts. Sie bekommen nur lauter abenteuerliche Vermutungen aufgetischt – junge Mädchen haben eine rege Phantasie –, konkrete Anhaltspunkte kann Ihnen jedoch niemand geben. Jetzt doch

zum Elmhurst College? → 25

in den Wald? → 46

zurück nach Chicago? → 466

5

Ihr Schlag hätte Joey Peppard, dem braunen Bomber aus Cicero, alle Ehre gemacht. Sie treffen Miller genau auf den Punkt. Der Lehrer kippt um wie ein nasser Sack und bleibt völlig groggy vor seinem Wagen liegen. Hastig blicken Sie sich um und stellen mit Erleichterung fest, daß niemand Zeuge Ihrer rohen Tat geworden ist.
»Tut mir leid«, sagen Sie noch entschuldigend an die Adresse des Lehrers. Dann laufen Sie schnell zu ihrem Chevy hinüber, springen hinein und geben Gas.
Ein schneller Blick zurück zeigt Ihnen, daß Miller keine Anstalten macht, Ihnen zu folgen. Den wären Sie los! Zügig fahren Sie weiter in Richtung Chicago. → 228

6

Sie betreten das Hotel ›Star‹ und erfragen an der Rezeption die Zimmernummer Luke Morellis.

Ihr Auftraggeber empfängt Sie und ist ganz begierig darauf, zu hören, was Sie in Erfahrung gebracht haben. Ihre Mitteilung, daß seine Tochter entführt wurde, überrascht ihn nicht – damit hatte er offenbar schon gerechnet.

»Irgendwelche Hinweise auf den oder die Täter?« will er von Ihnen wissen. Da müssen Sie leider passen, was Morelli tief enttäuscht. »Wissen Sie«, sagt er, »ich glaube, Sie sind doch nicht der richtige Mann, um mir und Gloria zu helfen. Vergessen Sie die ganze Sache einfach.«

Und damit wären Sie Ihren Job verblüffend schnell wieder los.

565 ←

7

Der Rezeptionist führt ein kurzes hausinternes Telefonat und gibt Ihnen anschließend den Bescheid, daß Diamond gleich herunterkommen wird. Sie sollen an der Hotelbar auf ihn warten.
In der Bar ist nichts los, nur ein mürrischer Keeper langweilt sich hinter dem Tresen. Da Sie einen klaren Kopf bewahren wollen, bestellen Sie nichts Alkoholisches, sondern begnügen sich mit einer Cola.
Nach einer ganzen Weile erscheint Diamond. Der Gangster begrüßt Sie mit einem breiten Lächeln und erkundigt sich, ob Sie schon etwas herausgefunden haben.
»Kann man wohl sagen«, erwidern Sie, greifen lässig in die Tasche und präsentieren Diamond die Schnupftabakdose. »Gehört die Ihnen?«
Diamond runzelt die Stirn. »Sieht so aus. Woher haben Sie sie?«
»Och«, sagen Sie, »die habe ich beim Pilzesammeln gefunden.«
Morellis angeblicher Freund begreift sofort. Er ruckt herum und will davonrennen. Aber damit haben Sie gerechnet. Ihre Hände schießen nach vorne und packen Diamond an den Schultern. Können Sie ihn festhalten? Legen Sie eine Körperkraftprobe ab. Sie würfeln eine

1 – 3 → 27

4 – 6 → 49

8

Streichen Sie den gesetzten Betrag auf dem Protokoll ab.

Wahrscheinlich haben Sie sich eine bessere erste Karte gewünscht. Trotzdem müssen Sie jetzt entscheiden, welchen Dollarbetrag Sie setzen wollen.
Nachdem Sie das Geld auf den Tisch gelegt haben, lassen Sie sich vom Bankhalter die zweite Karte geben und würfeln

65 ← 1

73 ← 2

84 ← 3

91 ← 4

101 ← 5

108 ← 6

9

Sie fahren zu einem kleinen Restaurant ganz in der Nähe Ihres Wohnbüros, in dem man billig, aber recht gut essen kann. Für drei Dollar schlagen Sie sich den Bauch voll.
Sie haben doch noch drei Dollar in der Tasche?

Natürlich → 31

Leider nicht → 50

10

Da Sie ein Mann sind, der allzeit bereit ist, brauchen Sie keine großen Vorbereitungen für den Besuch bei Johnny Rizzo zu treffen. Sie machen sich frisch, ziehen neue Sachen an, die möglichst große Bewegungsfreiheit gestatten, versichern sich abermals der Funktionsfähigkeit Ihrer 38er und brechen sodann energiegeladen und zielbewußt auf. → 29

11

Der Vierschrötige überwindet seine Überraschung bedauerlicherweise sehr schnell und setzt sich energisch zur Wehr. Und er ist sehr, sehr stark. Schon nach wenigen Augenblicken hat er es geschafft, seinen Revolverarm aus Ihrer Umklammerung zu befreien. Wuchtig schlägt er mit dem massiven Lauf der Waffe zu. Sie werden an der Schläfe getroffen und verlieren sofort das Bewußtsein.

569 ←

12

Obgleich Sie der Nachtwächter, überzeugt von Ihrer Aufrichtigkeit, hat laufen lassen, sind Sie ganz mieser Stimmung. Keine echte Spur, kein konkreter Anhaltspunkt, wo Gloria Morelli versteckt wird. Die Rückfahrt zu Ihrer Wohnung deprimiert Sie.
Lebt Luke Morelli eigentlich noch?

279 ← Natürlich lebt Ihr Auftraggeber noch

295 ← Morelli ist tot

13

Wie war das doch noch im ›Star‹ – hat Luke Morelli den Anschlag überlebt?

33 ← Ja

114 ← Nein

14

Es gelingt Ihnen, Ihren Mann nicht aus den Augen zu verlieren. Nur ein kurzer Sprint, dann sind Sie unmittelbar hinter ihm.
»Hey, warte doch«, murmeln Sie ihm ins Ohr, »ich bin ja schon da.«
Ohne seine Schritte zu verlangsamen, wendet der Mann leicht den Kopf, so daß Sie sein Gesicht aus allernächster Nähe sehen können. Ja, Sie haben den richtigen Mann erwischt, den Schnurrbärtigen aus Johnny Rizzos Villa.

→ 37

15

Chuck Potter ist ein kleiner Kerl mit einem überdimensionalen Bierbauch. Bestimmt kein Rizzo-Gangster, wie Sie scharfsichtig konstatieren, sondern nur ein Spielkumpel des Vierfingrigen.
Nein, Butch ist noch nicht da, Potter wundert sich auch schon, wo er bleibt. Seine Adresse? Sorry, Mister, keine Ahnung. Aber wollen Sie nicht reinkommen und an seiner Stelle mitspielen? Wenn Butch doch noch kommt, dann können Sie ja gleich mit ihm reden.

Sie bleiben und spielen mit Chuck Potter und noch zwei anderen nichtssagenden Typen Blackjack → 55

Sie haben die Schnauze voll und fahren nach Hause → 34

16

Sie verharren noch etwa zwei Minuten im Wasser des Michigansees und fragen sich währenddessen, wer wohl ein Interesse daran haben könnte, das Hausboot in die Luft zu sprengen. Eine vernünftige Antwort auf diese Frage fällt Ihnen jedoch nicht ein, und so geben Sie es schließlich auf, weiter darüber nachzugrübeln.
An Bord ist weiterhin alles ruhig. Sie können es jetzt wagen, aus dem Wasser herauszusteigen.

38 ←

17

Langsam, aber sicher gewinnen Sie bei dem wilden Ringen auf dem Bettvorleger die Oberhand. Sie schaffen es gegen stärksten Widerstand, dem in Ihre Wohnung eingedrungenen Killer den Revolver zu entwinden. Aber Sie kommen nicht mehr dazu, von der Waffe Gebrauch zu machen. Mit einem verzweifelten Ruck befreit sich der Mann aus Ihrer Umklammerung und flüchtet aus der Schlafkammer.
Das letzte, was Sie von ihm sehen, ist sein Gesicht. Es ist das Gesicht Jack Diamonds.

58 ←

18

Ehe Sie Gelegenheit bekommen, es sich wieder anders zu überlegen, rufen Sie im ›Star‹ an und verlangen, mit Morelli verbunden zu werden. Nicht unerwartet läßt sich Ihr sauberer Auftraggeber zunächst verleugnen. Aber als Sie ausrichten lassen, daß Sie interessante Neuigkeiten über zwei junge Damen namens Mary-Lou Morelli und Gloria Frazetta für ihn hätten, haben Sie ihn Augenblicke später am Apparat.

Und natürlich ist er bereit, Sie zu einem ›klärenden‹ Gespräch zu empfangen. → 42

19

Streichen Sie den gesetzten Betrag auf dem Protokoll ab.

Verständlich, daß Sie sich auf die Unterlippe beißen – diese Karte ist wirklich nicht das Gelbe vom Ei. Trotzdem müssen Sie jetzt entscheiden, welchen Dollarbetrag Sie setzen wollen.
Nachdem Sie das Geld auf den Tisch gelegt haben, lassen Sie sich vom Bankhalter die zweite Karte geben und würfeln

65 ⟵ 1

73 ⟵ 2

84 ⟵ 3

91 ⟵ 4

101 ⟵ 5

108 ⟵ 6

20

Ihr ›Tee‹ kommt. Natürlich handelt es sich nicht wirklich um Tee, sondern um hochprozentigen, schwarzgebrannten Rum – der Barkeeper kennt sich mit der Geheimsprache aller heimlichen Trinker in diesen schweren Zeiten der Prohibition selbstverständlich bestens aus.
Nachdem Sie sich den Rum einverleibt haben, fühlen Sie sich gleich merklich besser. Und nach zwei weiteren Tassenfüllungen sieht die Welt schon gar nicht mehr so düster aus. → 102

21

Sie wüßten nicht, was es jetzt noch für Sie zu tun gäbe. Alles weitere ist Sache der Mordkommission, die fraglos in wenigen Minuten eintreffen wird. → 144

22

Foxstone also – das muß Luke Morelli natürlich sofort erfahren. Sie wissen doch, wo Ihr Auftraggeber wohnt?

Nein → 48

Ja → 165

23

Alles weitere ist reine Routine. Diamond, der am Steuer des Caddy sitzt, fährt nicht besonders schnell. Sie haben keine Mühe, dranzubleiben – in einem gehörigen Sicherheitsabstand, versteht sich.

Die Fahrt geht in Richtung Hafen, und schließlich hält Diamond vor einem Hotel namens ›Star‹ an. Sie machen ebenfalls halt und steuern Ihren Wagen in eine Parklücke, etwa dreißig Meter vom Hotel entfernt.

Mit leichtem Stirnrunzeln beobachten Sie, wie Diamond und Morelli aus dem Caddy steigen und im ›Star‹ verschwinden. Und als kurz darauf ein Hotelangestellter erscheint und die Limousine in eine Garage fährt, ist klar, daß Morelli und sein Gehilfe hier wohnen. Das verwundert Sie einigermaßen, denn das ›Star‹ ist nicht mehr als das, was der Volksmund eine Absteige nennt – kaum das angemessene Domizil für einen gutsituierten Mann wie Luke Morelli. Aber an den Tatsachen läßt sich nicht rütteln.

Sie überlegen kurz, ob Sie noch an diesem Abend im Hotel nähere Informationen über Morelli einholen sollen, entschließen sich dann jedoch, dies nicht zu tun. Morgen ist auch noch ein Tag. Statt dessen entscheiden Sie sich dafür, den Erhalt des Auftrags ein bißchen zu feiern, und machen sich auf den Weg zu Ihrem Stammspeak.

85 ←

24

Wie ein Mann gehen Simon Moffet und die anderen beiden Jungs auf Sie los, um Ihnen eine gebührende Aufmischung zu verpassen. Auch der Umstand, daß Sie Stammgast im ›Charly's‹ sind, schützt Sie nicht – bei Geld hört die Freundschaft bekanntlich auf. Wenn Sie nicht im Krankenhaus landen wollen, sollten Sie sich wehren.
Zu diesem Zweck legen Sie eine Körperkraftprobe ab und würfeln

1 – 3 → 44

4 oder 5 → 61

6 → 83

25

Das Elmhurst College ist eine streng christliche Schule. Aus diesem Grunde schauen die Schüler des Colleges zur Seite, wenn sie ein Mädchen sehen.
Daß Sie unter diesen Umständen keine Informationen über Gloria Morelli bekommen, versteht sich von selbst. Deshalb

befragen Sie jetzt andere Mitschülerinnen Glorias → 4

inspizieren Sie den Wald → 46

kehren Sie nach Chicago zurück → 466

26

Ihre rechte Gerade kommt zwar zum Kinnwinkel Millers durch und erschüttert den Lehrer ganz schön, bringt ihn aber nicht zu Fall. Miller stößt einen lauten Ruf aus, in dem sich Schmerz, Überraschung und Wut mischen.

Sein Ruf bleibt nicht ohne Folgen. Zwei andere Autofahrer sind aufmerksam geworden und schicken sich an, Miller zu Hilfe zu kommen. Sich der Zweifelhaftigkeit Ihres tätlichen Angriffs auf den Lehrer bewußt, ziehen Sie es vor, den Schauplatz schnellstens zu räumen. Deshalb zischen Sie Miller noch eine Warnung zu, laufen dann zu Ihrem Auto und springen hinein.

Als Sie losfahren, diskutiert der Lehrer noch mit den anderen Männern. Mit der Hoffnung, daß Miller es nicht mehr rechtzeitig schafft, die Verfolgung wieder aufzunehmen, geben Sie kräftig Gas und fahren in Richtung Chicago.

228 ←

27

Der kräftige Gangster ist zu stark für Sie. Er schafft es, sich loszureißen und aus der Bar zu flüchten.

Sie verzichten darauf, ihm nachzusetzen – wäre ja möglich, daß er seine Knarre zieht und Ihnen ein Loch in den Bauch pustet. Und Ihr Ziel haben Sie ja letzten Endes sowieso erreicht. Die Flucht Diamonds hat Ihren Verdacht, daß er bei der Entführung Gloria Morellis dabei war, eindeutig bestätigt. Wenn Sie jetzt mit Morelli reden, werden Sie Ihren Auftraggber bestimmt vom Verrat seines heimtückischen Leibwächters überzeugen können.

→ 69

28

Streichen Sie den gesetzten Betrag auf dem Protokoll ab.

Mit dem für Sie typischen Pokerface nehmen Sie die Karte entgegen. Dann müssen Sie entscheiden, welchen Dollarbetrag Sie setzen wollen.
Nachdem Sie das Geld auf den Tisch gelegt haben, lassen Sie sich vom Bankhalter die zweite Karte geben und würfeln

65 ← 1

73 ← 2

84 ← 3

91 ← 4

101 ← 5

108 ← 6

29

Cicero ist eine südwestliche Vorstadt von Chicago, berühmt-berüchtigt im ganzen Land als ›Reich Al Capones‹. Hier in Cicero residierte er, und kaum etwas lief, ohne daß er irgendwie seine Finger im Spiel hatte. Speaks, Spielhöllen, Schwarzbrennereien – fast alle gehörten Al oder wurden zumindest von ihm kontrolliert.

Und jetzt, da der große Boß hinter schwedischen Gardinen sitzt? Nun, wie es aussieht, scheint Johnny Rizzo inzwischen die Herrschaft angetreten zu haben. Bestimmt ist er in allen einschlägigen Lokalen bekannt wie ein bunter Hund. Vielleicht wäre es ganz nützlich, wenn Sie sich in irgendeinem Speak oder Spielsalon noch ein bißchen umhören.

Es ist gerade 8 Uhr durch, so daß Sie noch Zeit genug haben. Und vielleicht erfahren Sie ja sogar irgend etwas, was mit Ihrem Fall zu tun hat – in Cicero brodelt die Gerüchteküche immer besonders heftig.

Was halten Sie von dem Laden da an der Ecke? ›Ace of Spades‹ klingt doch sehr vielversprechend.

Sie kehren im ›Ace of Spades‹ ein → 51

Sie fahren weiter zur Villa Johnny Rizzos → 312

30

71 ←

31

Schon gut, schon gut, war ja nur eine Frage. Sie zahlen also die drei Dollar und begeben sich dann nach Hause, um sich für Ihren Besuch bei Johnny Rizzo vorzubereiten.

Protokollvermerk!

→ 589

32

Obwohl der Vierschrötige wahrlich kein Schwächling ist, erweisen Sie sich als der Stärkere. Sie können ihn nicht nur erfolgreich daran hindern, Hilfe herbeigerufen, sondern schaffen es auch, ihm den Revolver aus der Hand zu winden. Und als Sie die Waffe in der Hand haben, ist es um Ihren Gegner geschehen. Ein kurzer, trokkener Hieb mit dem massiven Revolverknauf auf den Hinterkopf setzt den Kerl außer Gefecht. Er erschlafft in Ihren Armen und verliert das Bewußtsein. Ohne jede Frage wird er eine ganze Weile im Land der Träume verbringen.
Der Weg zum Haus liegt vor Ihnen. Nur daß Sie ihn jetzt so gehen können, wie sie wollen.

→ 354

33

Rizzo will gar nicht wissen, was Sie sonst noch zu sagen haben. Sie haben bereits genug erzählt.

→ 52

34

Tja, da wird also nichts aus Ihrer Absicht, Vier-Finger-Butch kräftig auf den Zahn zu fühlen. Sie müssen sich eingestehen, daß Sie keinen konkreten Anhaltspunkt haben, wo Luke Morellis Tochter versteckt sein könnte. Es ist echt deprimierend.
Lebt Luke Morelli eigentlich noch?

279 ← Natürlich lebt Ihr Auftraggeber noch

295 ← Morelli ist tot

35

Morgen? Keineswegs, Freund. Als Sie Ihre Wohnung betreten, läutet das Telefon bereits, schrill und durchdringend. Sie wollen zuerst gar nicht drangehen, tun es dann aber doch.
Erwartungsgemäß ist Morelli am Apparat, will wissen, was Sie bei Rizzo herausgefunden haben. Sie scheuen sich, Ihren Mißerfolg einzugestehen. Aber es führt kein Weg daran vorbei. Sie müssen zugeben, daß Sie statt seiner Tochter Schnapsflaschen nachgestiegen sind.
Sekundenlang sagt Morelli gar nichts. Sie hören nur seinen Atem. Dann spricht er wieder. Nicht viel, nur zwei Worte: »Sie . . . Null!« Anschließend legt er auf.
Was das zu bedeuten hat? Nun, Freund, Sie können sich als entlassen betrachten. Oder hatten Sie etwas anderes erwartet?

36

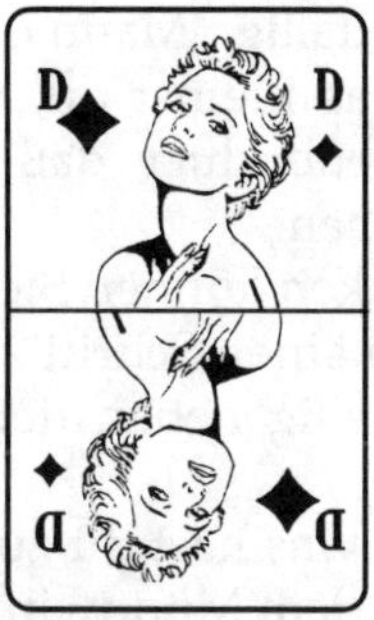

Sie zünden sich lässig eine Zigarette an und geben dann in nämlichem Tonfall bekannt, welchen Dollarbetrag Sie setzen wollen.
Nachdem Sie das Geld auf den Tisch gelegt haben, lassen Sie sich vom Bankhalter die zweite Karte geben und würfeln

Streichen Sie den gesetzten Betrag auf dem Protokoll ab.

1 → 65

2 → 73

3 → 84

4 → 91

5 → 101

6 → 108

37

»Nicht so auffällig, Mann«, knurrte der Gangster. »Was meinst du, was passiert, wenn einer beobachtet, daß wir uns hier verabredet haben.«
Diesen Gedanken können Sie nachvollziehen. Sie legen einen Schritt zu und gehen dann wie zufällig neben dem Schnäuzer her.
»Also, Buster, was hast du zu verkaufen?« fragen Sie aus dem Mundwinkel heraus.
»Verkaufen will ich gar nichts«, bekommen Sie zur Antwort. »Du kriegst meinen Tip kostenlos.« Er schweigt ein paar Sekunden lang, redet dann weiter. »Du willst wissen, wo Gloria Morelli gefangengehalten wird?«
»Erraten, Buster«, bestätigen Sie.
»Okay, ich will's dir sagen.« Und das tut er dann auch . . .

56 ←

38

Kurz darauf stehen Sie wieder auf dem Kai und schütteln sich heftig, um das Wasser aus Ihren Kleidern zu vertreiben – einen Teil davon wenigstens. Und dann sind Sie bereit, sich Ihrer eigentlichen Aufgabe zu widmen – der Befreiung Gloria Morellis.

78 ←

39

Der Kampf wogt hin und her. Mal scheinen Sie auf der Siegerstraße zu sein, mal Ihr unbekannter Gegner. Halten Sie durch – es geht um Ihr Leben!
Legen Sie eine abermalige Körperkraftprobe ab. Sie würfeln eine

1 – 3 ⟶ 671

4 – 6 ⟶ 17

40

Am liebsten würden Sie ja Frank Millers Taschen durchsuchen – vielleicht hat er irgend etwas bei sich, was Aufschluß darüber gibt, warum er Luke Morelli erschossen hat. Aber da tauchen am Ende des Gangs schon zwei andere Pensionsgäste auf. Ihnen bleibt gerade noch Zeit, einen schnellen Griff in Millers Jackentasche zu tun.
Sind Sie geschickt genug, schnell und unbemerkt fündig zu werden?
Legen Sie eine entsprechende Probe ab. Sie würfeln eine

1 – 3 ⟶ 60

4 – 6 ⟶ 81

41

Haben Sie vergessen, daß Ausschank und Genuß von Alkoholika aller Art in den Vereinigten Staaten gesetzlich untersagt sind? Gewiß, gewiß, wahrscheinlich ist im ganzen Land niemals mehr Fusel oder Bier durch die durstigen Kehlen gejagt worden als jetzt, aber man muß natürlich mit einer gewissen augenzwinkernden Diskretion vorgehen – plump in aller Öffentlichkeit einen doppelten Whiskey zu bestellen ist ein absolutes Unding. Sie sollten sich also nicht wundern, daß der Barkeeper von Ihrer Bestellung keine Notiz nimmt und so tut, als ob er Sie gar nicht gehört hätte.
Dafür hat jedoch ein anderer um so aufmerksamer zugehört. Von einem der Nebentische erhebt sich ein unauffällig wirkender Mann und kommt schnurstracks zu Ihnen herüber. Er weist sich als Polizist in Zivil aus und führt Ihnen das Verbrecherische Ihres Tuns vor Augen. »Fünf Dollar Strafe oder . . .«

62 ← Sie zahlen

82 ← Sie können oder wollen nicht zahlen

42

Sie fahren zum ›Star‹, parken vor dem Hotel und steigen aus Ihrem Chevy. Haben Sie sich eine Bleiweste besorgt?

Ja → 59

Nein → 79

43

Heute abend gibt es also für Sie nichts mehr zu tun. Das ist Ihnen ganz recht, denn irgendwie haben Sie das Bedürfnis, den Erhalt des Auftrags ein bißchen zu feiern. Aus diesem kühlen Grunde machen Sie sich schnurstracks auf den Weg zu Ihrem Stammspeak. → 85

44

Gegen die vereinten Kräfte Ihrer drei Widersacher sind Sie ziemlich machtlos. Sie werden so verdroschen, daß Ihr Gesicht aussieht wie ein Feuermelder. Mit so einer Visage können Sie sich mindestens eine Woche lang nicht mehr auf der Straße blikken lassen. Folglich sind Sie auch nicht in der Lage, den Auftrag Luke Morellis auszuführen, womit der ganze Fall für Sie erledigt ist . . .

45

Streichen Sie den gesetzten Betrag auf dem Protokoll ab.

Nicht die schlechteste Karte, aber natürlich auch nicht die beste. Überlegen Sie sich, welchen Dollarbetrag Sie setzen wollen. Nachdem Sie das Geld auf den Tisch gelegt haben, lassen Sie sich vom Bankhalter die zweite Karte geben und würfeln

65 ←	1
73 ←	2
84 ←	3
91 ←	4
101 ←	5
108 ←	6

46

Das Waldstück ist größer, als Sie dachten. Aber es gibt hübsche Wanderwege, und da auch schönes Wetter herrscht, macht Ihnen der Gang unter den Bäumen sogar Spaß. Diese Luft – wirklich kein Vergleich mit der City. Auf Spuren von Gloria Morelli stoßen Sie jedoch nicht.

Als Sie eine Stunde unterwegs sind, kommen Sie sich langsam albern vor. Suchen Sie trotzdem weiter?

Eine Ausdauerprobe entscheidet über Ihr weiteres Vorgehen. Sie würfeln

1 – 2 ⟶ 64

3 – 4 ⟶ 106

5 – 6 ⟶ 86

47

Da haben Sie aber die Rechnung ohne den Wirt gemacht! Miller weicht Ihrer rechten Geraden mit verblüffender Leichtigkeit aus und geht unverzüglich zum Gegenangriff über. Die Doublette, die er Ihnen verpaßt, schüttelt Sie schwer durch. Sie haben Mühe, sich auf den Beinen zu halten, und sind froh, daß der Lehrer nicht nachsetzt. Er entschuldigt sich sogar bei Ihnen, bleibt in der Sache aber hart: Nach wie vor will er es sich nicht nehmen lassen, Ihnen bei der Suche nach Gloria Morelli zu helfen.

Sie beginnen zu überlegen. Wäre es nicht doch von Vorteil, einen so schlagkräftigen Mann wie Frank Miller an Ihrer Seite zu
268 ⟵ haben?

48

Es spricht nicht gerade für detektivische Meisterschaft, daß Ihnen der Aufenthaltsort Ihres Auftraggebers noch unbekannt ist. Nun, der Verbindungsmann zu Morelli ist bekanntlich niemand anders als Ihr Verdächtiger Foxstone. Nach Lage der Dinge bleibt Ihnen nichts anderes übrig, als ihn
67 ⟵ anzurufen.

49

Obgleich Jack Diamond ein äußerst kräftiger Mann ist, können Sie einen Griff ansetzen, der es ihm unmöglich macht, sich aus Ihrer Umklammerung zu lösen.
»So, Freundchen«, knurren Sie, »nun erzähl mir mal ein bißchen was!« Und Diamond gibt sich geschlagen. Er gesteht, heimlicher Verbündeter eines mit Morelli konkurrierenden Gangsters zu sein und diesem die Tochter seines Bosses zugespielt zu haben, um Druck auf Morelli auszuüben.
Die Freimütigkeit Diamonds verblüfft Sie ein wenig, und das nutzt Ihr Gegner aus. Mit einem wilden Ruck reißt er sich los und flüchtet aus der Bar.
Sie verzichten darauf, ihm nachzusetzen – wäre ja möglich, daß er seine Knarre zieht und Ihnen ein Loch in den Bauch pustet. Außerdem haben Sie ja jetzt den Beweis, daß Ihr Verdacht gegen Diamond berechtigt war. Wenn Sie gleich mit Morelli reden, werden Sie Ihren Auftraggeber vom Verrat seines heimtückischen Leibwächters überzeugen können.

→ 69

50

Nicht mal drei Dollar in der Tasche, um das Essen bezahlen zu können? Da haben Sie aber Glück, daß der Wirt des Restaurants ein Mann ist, der ein Herz für heruntergekommene Typen hat. Sie können Ihre Schulden als Tellerwäscher abarbeiten.

Im Anschluß an diese recht schmachvolle Tätigkeit begeben Sie sich nach Hause, um sich für Ihren Besuch bei Johnny Rizzo vorzubereiten.

589 ←

51

Das ›Ace of Spades‹ ist trotz der noch recht frühen Abendstunden schon rammelvoll. Alkoholische Getränke werden reichlich und ziemlich unverblümt ausgeschenkt – an der Tatsache, daß die Cops im ›Reich Al Capones‹ mehr als nur ein Auge zudrükken, hat sich offensichtlich noch nichts geändert.

Sie mischen sich unter die Männer am Tresen, von denen einige wirklich so aussehen, wie man sich Gangster normalerweise vorstellt. Ihre Versuche, die Jungs unauffällig ein bißchen auszuhorchen, führen jedoch zu nichts – einem Fremden wie Ihnen begegnet man hier mit gesundem Mißtrauen.

Vielleicht wäre es ratsam, für etwas mehr Vertrautheit zu sorgen. Wenn Sie beispielsweise ein paar Runden springen lassen würden . . .

Sie investieren 20 $ → 90

Sie denken gar nicht daran → 72

52

Der Gangsterboß bedenkt Sie mit einem Lächeln, das offenkundige Verachtung ausdrückt – von Typen, die so schnell einknicken wie Sie, hält er wohl nicht viel.

»Okay, Buddy«, sagt er. »Dann richte deinem Boß mal folgendes aus: Wenn ich nicht innerhalb von vierundzwanzig Stunden die Million wiederhabe, die er mir unterschlagen hat, dann kriegt er seine Tochter zurück – und zwar als Leiche!«

Das war's. Augenblicke später sind Sie ein freier Mann und können gehen, wohin es
74 ← Ihnen beliebt.

53

Völlig richtig, daß Sie zunächst diese Richtung einschlagen. Die Gangster haben von einem ›Hafenlager‹ gesprochen, und ein solches kann man eigentlich nicht im ›binnenländischen‹ Harvey oder Evergreen Park finden, sondern allenfalls im am
75 ← Michigansee gelegenen East Chicago.

54

Na, jetzt noch ein As, dann ist die Sache geritzt. Überlegen Sie, welchen Dollarbetrag Sie setzen wollen.
Nachdem Sie das Geld auf den Tisch gelegt haben, lassen Sie sich vom Bankhalter die zweite Karte geben und würfeln

Streichen Sie den gesetzten Betrag auf dem Protokoll ab.

1 → 65

2 → 73

3 → 84

4 → 91

5 → 101

6 → 108

55

Zumindest ist es bei Potter gemütlicher als in einer der üblichen Spielhöllen – bequeme Polstersessel, angenehmes Licht und, wie schon der Bauch des Gastgebers vermuten ließ, jede Menge Bier. Die Spieleinsätze halten sich in Grenzen – nicht mehr as zehn Dollar, aber auch nicht weniger als fünf Bucks.
Soviel haben Sie doch noch in der Tasche, oder?

76 ⟵ Ja

116 ⟵ Nein

56

Sie erfahren, daß Morellis Tochter auf einem Hausboot namens ›Angelina‹, das in Lincolnwood vor Anker liegt, versteckt wird. Mehr wollen Sie eigentlich gar nicht wissen. Es interessiert Sie aber doch, warum der Schnauzbärtige seine Information so scheinbar selbstlos preisgegeben hat.
Der Mann grinst. »Nimm an, ich schulde dem guten alten Luke noch einen Gefallen«, sagt er. »Und vielleicht erinnert er sich eines Tages dankbar daran, wer versucht hat, seiner Tochter das Leben zu retten. So, und nun verdufte!«
Dieser Aufforderung kommen Sie gerne nach und kehren in Ihr Wohnbüro zurück.

77 ⟵

57

Sie kommen auch ohne Luke Morelli gut zurecht, was Sie gleich unter Beweis stellen werden. In leicht geduckter Haltung schleichen Sie auf die ›Angelina‹ zu, stehen dann direkt vor dem Hausboot, nur noch durch etwa drei Meter Wasserfläche davon getrennt. An Bord rührt sich nichts. Sie können wohl davon ausgehen, daß niemand Ihre Annäherung bemerkt hat.

→ 78

58

Eine Verfolgung hat keinen Zweck. Als Sie wieder auf den Beinen sind, ist Diamond bestimmt schon unten zu der Haustür. Sie können nur noch ans Fenster treten und auf die Straße hinunterblicken.

Und was Sie dort sehen, schockt Sie kaum weniger als der Mordversuch an sich. Unmittelbar vor dem Haus parkt ein Cadillac – Luke Morellis Cadillac. Und am Steuer sitzt, im Licht einer Straßenlaterne deutlich zu erkennen, niemand anders als . . . Luke Morelli selbst.

→ 80

59

Statt einer Bleiweste hätten Sie sich besser einen Stahlhelm besorgt. Der Killer, der vor dem ›Star‹ auf Sie lauert, zielt nämlich nicht auf Ihre Brust, sondern jagt Ihnen eine Kugel in den Kopf. Sie sind auf der Stelle tot.
Vielleicht hätten Sie doch geeignetere Sicherheitsvorkehrungen treffen sollen . . .

60

Pech gehabt – Sie bekommen bei Ihrem schnellen Griff nur einen Reklameprospekt zu fassen, der Traumreisen nach Hawaii anpreist. Im nächsten Augenblick sind die Pensionsgäste bei Ihnen und dem Toten. Und wenige Minuten später ist auch die
144 ← Mordkommission zur Stelle.

61

Sie setzen sich tapfer zur Wehr. Wahrscheinlich hätten Sie trotzdem noch mehr abgekriegt als das blaue Auge, das Ihnen Simon Moffet mit einem gekonnten Aufwärtshaken verpaßt, wenn nicht Charly Puffin auf den Plan getreten wäre.

Das blaue Auge mindert Ihre Ausstrahlungskraft. Senken Sie das Niveau um eine Stufe.

Der Besitzer des ›Charly's‹ duldet in seinem Lokal keine Schlägereien und setzt dem Handgemenge ein Ende. Auch wenn er Ihr Freund ist, so fehlt ihm doch jedwedes Verständnis für Ihre Weigerung, Ihre Spielschulden zu bezahlen. Er veranlaßt Sie, dies nun doch zu tun – für den Fall, daß Sie nur geblufft haben und tatsächlich sehr wohl bei Kasse sind. Sind Sie aber wirklich völlig pleite, kommen Sie – im wahrsten Sinne des Wortes – mit dem blauen Auge davon.

Tragen Sie den Verlust auf dem Protokoll ab.

In jedem Fall gehen Sie anschließend nach Hause, legen sich ins Bett und sammeln frische Kräfte für die schwere Aufgabe, die morgen vor Ihnen liegt.

→ 651

62

Streichen Sie auf Ihrem Protokoll 5 $ ab.

Zähneknirschend zücken Sie Ihr Portemonnaie und blättern dem Zivilcops fünf Dollar hin, die dieser grinsend einsackt. Obwohl Sie eine ordnungsgemäße Quittung erhalten, haben Sie doch große Zweifel, ob Ihr Obolus jemals die Stadtkasse erreichen wird.

Dann tun Sie das, was Sie besser gleich getan hätten: Sie bestellen eine Tasse Tee.

20 ←

63

Heute abend noch mit der Suche nach Morellis Tochter zu beginnen, wäre recht sinnlos. Sie müssen in der Privatschule ansetzen, aus der das Mädchen verschwunden ist. Und dort können Sie schlecht mitten in der Nacht auftauchen. Morgen also, für heute ist Feierabend.

Sie fahren nach Hause, verleiben sich in einer Snackbar noch ein paar Sandwiches ein und legen sich dann gleich ins Bett, um frische Kraft für die vor Ihnen liegenden Aufgaben zu tanken.

520 ←

64

Ihre Geduld hat Grenzen – und die sind jetzt erreicht. Wenn Sie Zeit verschwenden wollen, dann tun Sie das lieber in einem Speak bei einer guten Tasse Rum. Daher gehen Sie zur Schule zurück und hören sich dort ein bißchen um. Aber Sie gewinnen hier ebensowenig neue Erkenntnisse wie drüben im christlichen Elmhurst College.

So bleibt Ihnen schließlich nichts anderes übrig, als fast so im dunkeln tappend wie zuvor nach Chicago heimzukehren. → 466

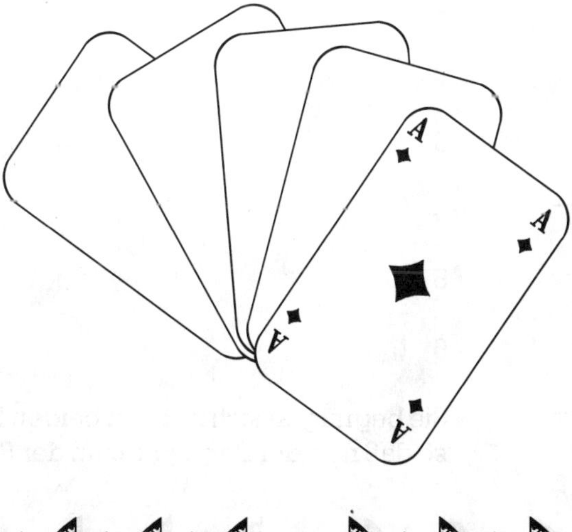

65

Sie sollten zumindest noch eine weitere Karte nehmen, denn mit dem Blatt, das Sie da jetzt in der Hand haben, ist kein Staat zu machen. Aber es bleibt Ihnen unbenommen, sich damit zufrieden zu geben.
Sie nehmen noch eine dritte Karte und würfeln

117 ← 1

127 ← 2

136 ← 3

146 ← 4

154 ← 5

163 ← 6

166 ← Sie begnügen sich mit den beiden Karten, so daß nun der Bankhalter an der Reihe ist

66

Sie sehen, daß Miller seinen Autoschlüssel in der Hand hält. Ohne diesen wäre er aufgeschmissen. Sind Sie clever genug, den Schlüssel in Ihren Besitz zu bringen? Legen Sie eine entsprechende Probe ab. Ihr Würfelergebnis ist

1 oder 2 —> 126

3 oder 4 —> 109

5 oder 6 —> 87

67

Es wäre natürlich zu überlegen, ob Sie den Rechtsanwalt gleich mit Ihrem Verdacht konfrontieren wollen. Vielleicht ist er von Ihren Erkenntnissen ja so beeindruckt, daß er Ihnen verrät, wo Gloria Morelli versteckt wird.

Sie sagen Foxstone, daß Sie über seine Beteiligung bei der Entführung im Bilde sind —> 88

Sie behalten Ihr Wissen noch für sich —> 110

68

147 ←

69

Der Rezeptionist erzählt Ihnen, daß Diamond wie ein aufgeschrecktes Huhn an ihm vorbei auf die Straße gestürzt ist. Das überrascht Sie nicht – ganz klar, daß der Verräter schleunigst das Weite gesucht hat. Sie weisen den Angestellten an, Morelli herunterzubitten, weil Sie sensationelle Nachrichten für ihn haben. Dann kehren Sie zur Bar zurück, wo Sie sich nun doch einen Bourbon gönnen.
Während Sie sich den Whiskey schmecken lassen, kehren Ihre Gedanken aus recht unerfindlichen Gründen wieder zu dem Lehrer Frank Miller zurück.

Sie haben Miller auf der Rückfahrt nach Chicago mit Sicherheit abgehängt – das können Sie sogar schwören → 588

Das können Sie nicht schwören → 602

70

Die Zeit scheint Miller tatsächlich zu lang geworden sein, denn als Sie das Speak betreten, sehen Sie ihn nirgends. Das pummelige Blondchen hinter dem Tresen richtet Ihnen in seinem Namen aus, daß er sich die ganze Sache überlegt habe und sich wieder um seine eigenen Angelegenheiten kümmern wolle.
Wie es scheint, sind Sie Ihren Mitarbeiter wieder los. Geben Sie sich damit zufrieden?

89 <— Ja – Miller soll Ihnen den Buckel runterrutschen

113 <— Nein – Sie lassen sich von dem Mann doch nicht verarschen

71

Scheint so eine Art Waschküche zu sein, stellen Sie fest. Der große Wasserhahn, die Abflußöffnung im Boden, die glatten, unverputzten Wände, die mit Gummistreifen isolierte (und leider fest verschlossene) Tür – alles spricht dafür.

Schreiben Sie Ihre Problemlösung vor dem Weiterlesen auf einen Zettel

Egal, welchen Zweck dieser kleine Raum erfüllt, Sie wollen hier raus! Aber wie?

Das Fenster ist unvergittert, lädt geradezu dazu ein, durchstiegen zu werden. Das Dumme ist nur, daß Sie nicht herankommen, auch dann nicht, wenn Sie sich auf den Wasserhahn stellen. Und sonst gibt es in dem kahlen Raum nichts, was als Trittbrett dienen könnte. An der Wand hochklettern ist ebenfalls unmöglich. Und selbst der Olympiasieger im Hochsprung könnte das Fenster nicht erreichen.

Und doch gibt es eine Möglichkeit, die das Problem lösen würde. Fällt sie Ihnen ein?

→ 92

72

Tja, unter diesen Umständen werden Sie die Zungen der Zecher im ›Ace of Spades‹ nicht lösen können. Was wollen Sie also noch hier? Sie verschwenden nur Ihre Zeit und können genausogut wieder gehen und zu Johnny Rizzos Villa fahren.

→ 312

73

Provozierend hält Ihnen der Bankhalter schon die dritte Karte hin. Aber Sie lassen sich nicht nötigen und machen ihm klar, daß er gefälligst seine Flossen von den Karten lassen soll, bis Sie sich entschieden haben.

Sie nehmen noch eine Karte und würfeln

117 ← 1

127 ← 2

136 ← 3

146 ← 4

154 ← 5

163 ← 6

166 ← Sie begnügen sich mit den beiden Karten, so daß nun der Bankhalter an der Reihe ist

74

Es beliebt Ihnen, zu Ihrem Chevy zurückzugehen und nach Hause zu fahren. Die Sache mit der unterschlagenen Million ist Ihnen nicht so ganz klar geworden. Sie denken jedoch nicht weiter darüber nach, denn Sie haben jetzt ganz andere Sorgen. Wohl oder übel werden Sie Morelli gestehen müssen, daß Sie keine Spur von seiner Tochter gefunden haben. Und es wird sich auch nicht vermeiden lassen, daß Sie ihm von Rizzos Morddrohung berichten. Sie wünschten, daß Sie das Gespräch mit Ihrem Auftraggeber schon hinter sich hätten.

→ 94

75

Eine halbe Stunde später wissen Sie, daß die in East Chicago beheimatete Firma Bellamy eine Speditionsgesellschaft ist und in der Tat im Hafen ein eigenens Lagerhaus besitzt.

→ 95

76

Dann steht Ihrem Start ja nichts mehr im Wege. Also, auf in den Kampf mit den Blackjack-Karten . . .

→ 131

77

Sie stehen jetzt vor einer Entscheidung: Sollen Sie Ihrem Auftraggeber gleich von der frohen Kunde Kenntnis geben? Oder wollen Sie Gloria zunächst befreien und anschließend triumphierend bei Morelli abliefern?
Sie entschließen sich,

118 ← Morelli sofort zu informieren

97 ← erst das Mädchen zu befreien

78

Einen Steg zur ›Angelina‹ gibt es nicht, was dafür spricht, daß irgend jemand an Bord sein muß, der ihn eingezogen hat. Sie müssen springen – eine Aufgabe, die sie problemlos bewältigen. Fast geräuschlos landen Sie auf der kleinen Zugangsplattform und stehen dann vor der Tür zum Innenraum des Hausboots. Die Tür ist erwartungsgemäß verschlossen. Das kann Sie jedoch nicht aufhalten, denn Sie haben natürlich vorgesorgt. Mit Hilfe des mitgebrachten Dietrichs schaffen Sie es in Sekundenschnelle, das Primitivschloß aufzusperren. Vorsichtig treten Sie ins Innere.

98 ←

79

Tja, da hilft Ihre ganze Vorsicht und Wachsamkeit nichts. Die Kugel des Killers, der Ihnen vor dem ›Star‹ irgendwo im Verborgenen auflauerte, trifft Sie mitten in die Stirn – da hätte Ihnen auch eine Bleiweste wenig genützt. Sie sind auf der Stelle tot.
Vielleicht hätten Sie doch ein paar Sicherheitsvorkehrungen treffen sollen . . .

80

Jetzt kommt Jack Diamond aus dem Haus gerannt, reißt die Beifahrertür des Caddy auf und springt hinein. Er hat die Tür noch gar nicht richtig geschlossen, als der Wagen schon losfährt.
Es sind zwei Erkenntnisse, die Sie nur schwer verdauen können. Zum einen: Zwischen Morelli und Diamond herrscht nach wie vor bestes Einvermögen. Und zum anderen: Luke Morelli hat versucht, seine eigene Tochter umbringen zu lassen!

→ 99

81

Sie bekommen bei Ihrem Zugriff Frank Millers Brieftasche zu fassen und lassen sie in der Innentasche Ihres Jacketts verschwinden. Dann sind die Pensionsgäste bei Ihnen und dem Toten und Sie beginnen gestenreich darzulegen, daß Sie allem Anschein zum Trotz kein Mörder sind.

→ 103

82

Ihre Weigerung zu zahlen führt dazu, daß der Zivilcop Sie mit zur nächsten Wache nimmt. Dort werden Sie vierundzwanzig Stunden in einer Arrestzelle verbringen und deshalb nicht mit dem Mann zusammentreffen, der Ihnen den Auftrag Ihres Lebens geben wollte. Der große Kriminalfall, den dieses Buch behandelt, wird also ohne Ihre Beteiligung über die Bühne gehen . . .

83

Sie schaffen es, sich die drei aufgebrachten Männer vom Hals zu halten, fürs erste jedenfalls. Bevor Sie doch noch in die Klemme geraten, greift Charly Puffin ein.

Der Besitzer des ›Charly's‹ duldet in seinem Lokal keine Schlägereien und unterbindet das Handgemenge. Da er Ihr Freund ist, geht er auch der Sache mit den Spielschulden nicht weiter nach. Er gibt Ihnen nur den guten Rat, jetzt doch lieber schnell nach Hause zu gehen. Das tun Sie dann auch, legen sich ins Bett und sammeln frische Kräfte für die schwere Aufgabe, die morgen vor Ihnen liegt.

651 ⟵

84

Sie spüren den lauernden Blick des Bankhalters auf sich, bleiben aber eiskalt und überlegen ganz ruhig, was Sie jetzt tun sollen.
Sie nehmen noch eine dritte Karte und würfeln

1 → 117

2 → 127

3 → 136

4 → 146

5 → 154

6 → 163

Sie begnügen sich mit den beiden Karten, so daß nun der Bankhalter an der Reihe ist → 166

85

Das ›Charly's‹ liegt im Stadtteil Tower Town, nur zwei Häuserblocks von Ihrer Wohnung entfernt. Tower Town ist so etwas wie das Künstlerviertel Chicagos, und deshalb verkehrt im ›Charly's‹ auch immer ein ebenso buntes wie lustiges Völkchen.

Charly Puffin, der Besitzer des Speaks, ist ein guter Freund von Ihnen. Sie haben ihm vor Jahren mal aus der Patsche geholfen, als er großen Ärger mit ein paar Gangstern hatte, und das vergißt er Ihnen nie. Deshalb brauchen Sie sich in seinem Lokal auch nie Gedanken über die Getränkerechnung zu machen – Sie haben unbegrenzten Kredit und zahlen, wann Sie können. Und was die Getränke angeht ... Nun, das ›Charly's‹ ist geradezu ein Paradies für Leute, die sich ungeniert einen hinter die Binde gießen wollen. Puffin versteht sich prächtig mit dem Lieutenant vom örtlichen Polizeirevier, und so drücken die Cops auch dann noch beide Augen zu, wenn die Alkoholschwaden in der Luft beim Anzünden einer Zigarette anfangen, Funken zu schlagen. Mit einem Wort – im ›Charly's‹ ist es richtig gemütlich. Sie fühlen sich sauwohl, und nach zwei Stunden haben Sie den Fall Gloria Morelli schon so gut wie gelöst.

Noch 85

Auch die anderen Gäste sind in prächtiger Stimmung. Kein Wunder, daß schließlich einer auf den Gedanken kommt, ein paar Ründchen ›Blackjack‹ zu spielen. Sind Sie dabei? Bedenken Sie allerdings eins: Spielschulden sind Ehrenschulden. Anschreiben bei Charly Puffin läuft also nicht – wenn Sie verlieren, müssen Sie sofort und in bar bezahlen.

Sie spielen mit ⟶ 125

Sie gehen lieber nach Hause ⟶ 107

86

Den Weg, der da vorne links abbiegt, nehmen Sie noch mit. Und als Sie ihn etwa hundert Meter entlanggegangen sind, bleiben Sie wie vom Donner gerührt stehen. Dieser Anblick bietet sich Ihren Augen: ⟶ 68

87

Ganz plötzlich greifen Sie sich an die Brust, verzerren das Gesicht und fangen an zu stöhnen.

»Was haben Sie?« fragt der völlig verblüffte Lehrer. »Mein ... Herz«, quetschen Sie hervor und tun so, als würden Sie gleich umkippen.

Hilfsbereit streckt Miller die Hände aus, um Sie zu stützen. Genau darauf haben Sie gewartet. Ehe er weiß, was geschieht, haben Sie ihm den Autoschlüssel aus der Hand gerissen und in die Tasche gesteckt.

»Jetzt geht's mir schon wieder besser«, stellen Sie grinsend fest. »Am nächsten Kilometerstein können Sie sich Ihre Schlüssel wieder abholen.«

Dann gehen Sie seelenruhig zu Ihrem Chevy hinüber, steigen ein und starten den Motor.

Miller ist so fassungslos, daß er keine Anstalten macht, Sie aufzuhalten. Mit dem befriedigenden Gefühl, diesem Möchtegerndetektiv eine Lektion erteilt zu haben, fahren Sie in Richtung Chicago.

Und natürlich halten Sie Ihr Versprechen. Am nächsten Kilometerstein stoppen Sie kurz und deponieren das Schlüsselbund des Lehrers.

228 ←

88

Als Sie Foxstone am Telefon lässig mitteilen, daß sein Spiel so gut wie aus ist, sagt der Rechtsanwalt sekundenlang gar nichts. Dann: »Sie sind ein vorzüglicher Detektiv, Mister«, läßt er sich vernehmen. »Mr. Morelli wird begeistert sein, daß Sie den Fall so schnell gelöst haben. Wollen Sie seine Adresse?«
Sie sind ob dieser Reaktion Foxstones derartig verblüfft, daß Sie Ihren Verdacht nicht weiter erörtern und sich damit begnügen, die Adresse zu notieren.
Morelli wohnt im Hotel ›Star‹, einer nicht gerade gut beleumundeten Absteige im Hafenviertel. Sie wundern sich ein bißchen darüber, daß ein so gutsituierter Mann wie Morelli in einem solch schäbigen Domizil residiert, und beenden das Telefonat mit Foxstone. Auf zum Hotel ›Star‹ also.
Arbeiten Sie noch allein oder haben Sie den Lehrer Frank Miller als Mitarbeiter verpflichtet?

Miller ist Ihr Mitarbeiter → 627

Miller ist nicht Ihr Mitarbeiter → 128

89

Achselzuckend verlassen Sie das Speak und steigen in Ihren Chevy. Ihr knurrender Magen veranlaßt Sie, dem Hafenviertel möglichst schnell den Rücken zu kehren. → 9

90

Ziehen Sie 20 $ auf dem Protokoll ab.

Zunächst scheint es so, als würde sich Ihre Investition auszahlen. Die Typen, die Ihren Whiskey trinken, werden in der Tat gesprächig. Und Sie haben hochinteressante Dinge zu berichten. Der eine war der beste Freund Al Capones, ein anderer wird – aus naheliegenden Gründen – nur ›Killer-Red‹ genannt und ein dritter Bursche ist mit Johnny Rizzos Tochter verlobt. Bald aber wird Ihnen klar, daß die Kerle allesamt das Blaue vom Himmel lügen und in Wirklichkeit ganz kleine Würstchen sind, die mit der Mafia nicht das geringste zu tun haben.
Immerhin bringen Sie in Erfahrung, daß im ›Ace of Spades‹ mitunter sehr wohl richtige Mobster verkehren. Diese mischen sich allerdings nicht unter das gemeine Volk, sondern halten sich in den Hinterzimmern des Lokals auf und lassen dort die Blackjack-Karten kreisen. Wenn Sie mit Ihnen in Kontakt kommen wollen, müssen Sie schon mitspielen. Aber seien Sie gewarnt – die Jungs aus dem Milieu spielen nicht um Kleckerbeträge.

135 ← Sie wollen ein paar Runden spielen

112 ← Das Risiko, dabei viel Geld zu verlieren, ist Ihnen zu hoch

91

Nicht unbedingt eine Traumkarte, aber vielleicht paßt sie Ihnen ja doch ganz gut ins Bild.
Sie nehmen eine dritte Karte und würfeln

1 → 117

2 → 127

3 → 136

4 → 146

5 → 154

6 → 163

Sie begnügen sich mit den ersten beiden Karten, so daß nun der Bankhalter an der Reihe ist → 166

92

Nur die richtige Lösung auf Ihrem Zettel gilt als Ja-Antwort.

Die Lösung ist ebenso simpel wie genial. Sie brauchen nur ganz einfach den Wasserhahn voll aufzudrehen und darauf zu warten, daß sich der kleine Raum füllt. Ihr in den Bodenabfluß gestopftes Taschentuch und die Gummidichtung an der Tür werden verhindern, daß das Wasser abfließt, und so geraten Sie mit dem Steigen des Wasserspiegels ganz automatisch in die Höhe des Fensters – schwimmen können Sie ja.

Sind Sie auf diesen klugen Gedanken gekommen?

134 ⟵ Ja

132 ⟵ Nein

93

Der Rezeptionist führt ein kurzes hausinternes Telefonat und gibt Ihnen anschließend Bescheid, daß Morelli gleich herunterkommen wird. Sie sollten an der Hotelbar auf ihn warten, was Sie dann auch tun. In der Bar ist nichts los, nur ein mürrischer Keeper langweilt sich hinter dem Tresen. Sie bestellen sich einen Bourbon – auf Kosten Ihres Auftraggebers natürlich –, und während Sie sich ihn schmecken lassen, kehren Ihre Gedanken aus recht unerfindlichen Gründen wieder zu dem Lehrer Frank Miller zurück.

Sie haben Miller auf der Rückfahrt nach Chicago mit Sicherheit abgehängt – das können Sie sogar schwören → 588

Das können Sie nicht schwören → 602

94

Eigentlich wollten Sie das Gespräch mit Morelli auf morgen verschieben. Aber daraus wird nichts. Als Sie Ihre Wohnung betreten, hören Sie schon das Schrillen des Telefons – Ihr Auftraggeber ist am Apparat. Schweren Herzens berichten Sie ihm vom Ergebnis Ihres Besuchs bei Rizzo.

Wenn Sie nun aber geglaubt haben, daß Morelli von der Morddrohung gegen seine Tochter geschockt ist, dann sehen Sie sich getäuscht. Der Mann scheint hocherfreut zu sein, lobt Ihre erstklassige Arbeit und erklärt Ihnen, daß Sie Ihren Auftrag als erledigt ansehen können. Ein Erfolgshonorar in Höhe von 1000 $ wird Ihnen noch zugehen. Mit diesen Worten beendet er das Telefonat.

Sie verstehen jetzt gar nichts mehr und wundern sich nur noch. Aber machen Sie sich keine weiteren Gedanken – der ganze Fall war wohl doch eine Nummer zu groß für Sie. Freuen Sie sich über das Honorar, das Sie verdient haben, und kümmern Sie sich in Zukunft wieder um das, wovon Sie wirklich etwas verstehen – um die Seitensprünge ungetreuer Ehemänner.

95

Sie hätten nie gedacht, daß es irgendwo in Chicago so still und verlassen sein kann wie in dieser Nacht im Hafen von East Chicago. Kein Mensch weit und breit, kein fahrendes Auto, kaum ein Laut. Ideale Voraussetzungen also für Ihre große Befreiungsaktion!

→ 115

96

Da haben Sie aber genau den richtigen Zeitpunkt zum Aussteigen abgepaßt. Fast im gleichen Augenblick klingelt es nämlich. Und das kann eigentlich niemand anders als Vier-Finger-Butch sein.

→ 178

97

Klar, es macht einen weitaus imponierenderen Eindruck, wenn ein Detektiv seinem Auftraggeber den Erfolg seiner Arbeit ganz konkret dokumentieren kann. Treffen Sie also Ihre Vorbereitungen für den großen Coup in Lincolnwood.

→ 140

98

Es ist stockfinster an Bord, was Sie aber ebenfalls in keiner Weise stört. Auch in dieser Beziehung sind Sie bestens vorbereitet – mittels einer kleinen Taschenlampe, die Sie jetzt aufblinken lassen. Sie stehen am Anfang eines schmalen Durchgangs, von dem links und rechts mehrere Türen zu den einzelnen Kabinen abgehen. In einer dieser Kabinen müßte Gloria

120 ← Morelli stecken. Fragt sich nur, in welcher.

99

Sie haben große Schwierigkeiten, dem auf der Bettkante sitzenden, wieder ganz verstörten Mädchen klarzumachen, was da gerade passiert ist. Gloria scheint den Sinn Ihrer Worte gar nicht richtig zu begreifen. Wundern kann Sie das nicht. Sie fassen es

119 ← ja selbst kaum.

100

Ehe Sie Gelegenheit bekommen, es sich wieder anders zu überlegen, rufen Sie im ›Star‹ an und verlangen, mit Morelli verbunden zu werden.
Und was erfahren Sie? Ihr sauberer Auftraggeber wohnt nicht mehr in dem Hotel – sagt man Ihnen jedenfalls. Aber Sie zweifeln nicht einmal an der Richtigkeit dieses Bescheides. Morelli könnte Schiß bekommen haben, Schiß vor Ihnen. Der nächtliche Mordversuch an Gloria, den Sie verhindern konnten, wäre Grund genug dazu.
Na schön, sagen Sie sich, dann eben anders. So schnell wird Morelli Sie nicht los.

→ 121

101

Versuchen Sie, das Zittern Ihrer Unterlippe zu verhindern. Der Bankhalter muß ja nicht unbedingt merken, daß Sie ein recht durchwachsenes Blatt in der Hand halten. Sie nehmen eine dritte Karte und würfeln

117 ← 1

127 ← 2

136 ← 3

146 ← 4

154 ← 5

163 ← 6

166 ← Sie begnügen sich mit den ersten beiden Karten, so daß nun der Bankhalter an der Reihe ist

102

Als Sie gerade bei Ihrem vierten Rum angekommen sind, tritt ein Mann an Ihren Tisch und nimmt unaufgefordert Platz.
Sie können nicht sagen, daß Ihnen der Fremde sonderlich gefällt. Er ist groß und kräftig, und das Gesicht unter seinen schwarzgelockten, vor Brillantine glänzenden Haaren wirkt ausgesprochen brutal.
Der Mann stellt sich als Jack Diamond vor und sagt Ihnen, daß er einen Auftrag für Sie hätte.

Von solchen Typen nehmen Sie keine Aufträge entgegen —> 122

Sie sind interessiert —> 145

103

Während Sie auf die Polizei warten, haben Sie Gelegenheit, sich mit dem Inhalt von Millers Brieftasche vertraut zu machen. Mit einer Ausnahme ist nichts Aufschlußreiches dabei. Diese Ausnahme allerdings hat es in sich: Es ist ein glühender Liebesbrief Mary-Lou Frazettas an Miller!
Und dann steht da am unteren Rand des Briefs noch eine Notiz in einer anderen Handschrift – wahrscheinlich von Miller selbst verfaßt –, die Ihnen noch interessanter erscheint als der Liebesbrief:
Codewort Foxstone : Morgenröte.
Sie fangen an, intensiv nachzudenken. —> 144

104

152 ←

105

Foxstone hat sein Büro im Loop, dem berühmten Wolkenkratzerbezirk Chicagos am Michigansee. Das Gebäude, in dem er residiert, ist erst vor wenigen Wochen fertiggestellt worden und gehört zum Modernsten, was die Stadt zu bieten hat. Sie sind tief beeindruckt von der Lautlosigkeit, mit der der Lift Sie in den fünfzehnten Stock bringt. Und auch die dicke Goldglasscheibe der Eingangstür zu seinen Räumen imponiert Ihnen sehr. Ob Sie sich jemals auch so ein Office leisten können? Und eine Sekretärin wie das hollywoodverdächtige Girl mit den endlos langen Beinen, das Sie im Vorzimmer Foxstones in Empfang nimmt?

»Womit kann ich Ihnen dienen, Sir?«

Sie wenden Ihren Blick vom Rocksaum der Dame ab, hüsteln leicht verlegen und äußern dann den Wunsch, mit dem Rechtsanwalt zu sprechen. Aber Sie haben Pech. Foxstone ist nicht im Hause, und es sieht auch nicht danach aus, daß er sich an diesem Morgen noch blicken lassen wird.

Es bleibt Ihnen nichts anderes übrig, als die Sekretärin nach Morelli zu fragen. Aber das Girl läßt sich nicht aushorchen. »Wir geben grundsätzlich keine Auskünfte über unsere Klienten, Sir«, bekommen Sie Bescheid.

Noch 105

Schaffen Sie es mit Ihrem Charme, das Mädchen anderen Sinnes werden zu lassen? Zu diesem Zweck legen Sie eine Probe Ihrer Ausstrahlungskraft ab und würfeln

124 ← 1 – 2

169 ← 3 – 4

148 ← 5 – 6

106

Na schön, noch eine Viertelstunde, sagen Sie sich und setzen Ihre Suche fort. Aber auch nach dieser Viertelstunde ist Ihnen nichts Verdächtiges aufgefallen. Reicht's Ihnen jetzt endgültig? Legen Sie eine neuerliche Ausdauerprobe ab. Sie würfeln

64 ← 1 – 3

86 ← 4 – 6

107

Vielleicht sind Sie ganz gut beraten, wenn Sie nicht mitspielen. Der Bursche, der die Runde angeregt hat, ist nämlich ein verkappter Falschspieler, der schon so manchem den letzten Dollar aus der Tasche gezogen hat. Außerdem ehrt Sie das Nachhausegehen natürlich. Man muß wissen, wann man Schluß zu machen hat – morgen liegt schließlich ein schwerer Tag vor Ihnen.
Legen Sie sich also ins Bett und sammeln Sie frische Kräfte für die schwierige Aufgabe, die auf Sie wartet.

—> 651

108

Ein kleiner Schweißtropfen erscheint auf Ihrer Stirn. Aber ob ihn der Bankhalter richtig deuten kann?
Sie nehmen noch eine dritte Karte und würfeln

117 ← 1

127 ← 2

136 ← 3

146 ← 4

154 ← 5

163 ← 6

166 ← Sie begnügen sich mit den ersten beiden Karten, so daß nun der Bankhalter an der Reihe ist

109

Ihre rechte Hand schießt vor wie eine zuschnappende Kobra. Ehe Miller begreift, wie ihm geschieht, haben Sie ihm die Autoschlüssel entwunden und weit von sich geschleudert. Irgendwo in einer Entfernung von bestimmt fünfzig Metern verschwindet das Schlüsselbund im Grün eines Rasens.

Jetzt begreift der Lehrer. Im Sprintertempo jagt er los, um seine Schlüssel zurückzuholen.

Auch Sie haben es jetzt sehr eilig, laufen zu Ihrem Chevy und springen hinein. Mit der Hoffnung, daß Miller sich bei der Suche nach seinem Schlüssel zu lange aufhalten wird, um die Verfolgung wieder aufnehmen zu können, geben Sie kräftig Gas und fahren in Richtung Chicago.

→ 228

110

Auch Foxstone läßt sich nicht das geringste anmerken. Bereitwillig gibt er Ihnen Luke Morellis Adresse: Hotel ›Star‹.
Sie kennen das ›Star‹, eine nicht gerade gut beleumundete Absteige im Hafenviertel. Sie wundern sich ein bißchen darüber, daß ein so wohlsituierter Mann wie Ihr Auftraggeber in einem derartig schäbigen Domizil residiert, und beenden das Telefonat mit dem scheinheiligen Rechtsanwalt. Auf zum ›Star‹ also!
Arbeiten Sie noch allein oder haben Sie den Lehrer Frank Miller als Mitarbeiter verpflichtet?

627 ⟵ Miller ist Ihr Mitarbeiter

128 ⟵ Miller ist nicht Ihr Mitarbeiter

111

Luke Morelli läßt Sie nicht lange warten. Schon nach wenigen Minuten ist er bei Ihnen, elegant gekleidet wie gestern und sichtlich gespannt auf das, was Sie ihm zu sagen haben. Und Sie sagen es ihm.

Morelli ist entsetzt, geschockt, will es gar nicht glauben. Aber Sie merken ihm an, daß er innerlich sehr wohl vom Wahrheitsgehalt Ihrer Worte überzeugt ist. Schließlich nickt er langsam.

»Ja«, sagt er beinahe tonlos, »es stimmt. Ich hatte schon immer den leisen Argwohn, daß Jack im Lager von Johnny Rizzo steht. Diese Schweine! Wenn sie Gloria in der Hand haben, dann haben sie auch mich in der Hand.«

Er ballt die Fäuste. Aber sein Zorn wird sichtlich von der Sorge um seine Tochter überlagert. Auch wenn er ein Gangster ist – Sie fühlen mit ihm. Und außerdem ist er natürlich der Mann, von dem Sie Ihr Geld bekommen, Mobster hin, Mobster her – solange Sie ihm auch weiterhin zur Seite stehen.

Und dazu sollen Sie auch gleich ausgiebig Gelegenheit bekommen.

→ 288

112

Tja, unter diesen Umständen werden Sie im ›Ace of Spades‹ nichts Wissenswertes herauskriegen können. Was wollen Sie also noch hier? Sie verschwenden nur Ihre Zeit und können genausogut wieder gehen und
312 ← zu Johnny Rizzos Villa fahren.

113

Ihr Gefühl sagt Ihnen, daß die etwas mundfaule Blondine noch ein bißchen mehr erzählen könnte, wenn sie nur wollte. Lassen Sie doch mal Ihren Charme spielen!
Legen Sie zu diesem Zweck eine Ausstrahlungsprobe ab. Sie würfeln eine

133 ← 1 – 2

153 ← 3 – 4

174 ← 5 – 6

114

Da Sie schon einmal dabei sind, reinen Tisch zu machen, erzählen Sie Rizzo auch von der Ermordung Morellis. Diese Nachricht verblüfft den Gangsterboß über alle Maßen – ganz offensichtlich hatte er nicht die geringste Ahnung davon. Er tauscht vieldeutige Blicke mit seinen Leuten und fängt an, im Flüsterton auf sie einzureden. Was er sagt, können Sie nicht verstehen, aber Sie haben so das Gefühl, daß in diesem Augenblick über Ihr weiteres Schicksal entschieden wird.

→ 137

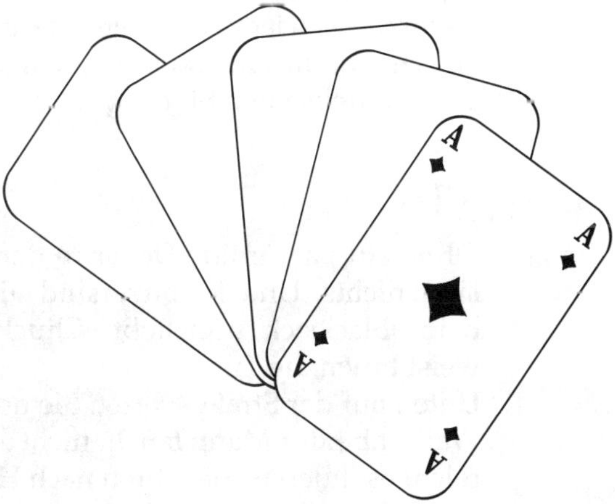

115

Mit ausgeschalteten Scheinwerfern und kleiner Tourenzahl fahren Sie ganz dicht an das Bellamy-Lagerhaus heran, halten an und steigen aus.

Das Lagerhaus entpuppt sich als alter, aber ziemlich massiver Ziegelbau. Sie schleichen einmal vorsichtig um das ganze Gebäude und machen dann vor dem Eingang halt. Ein schweres Eisentor, zusätzlich gesichert durch ein ebensolches Vorhängeschloß, verwehrt den Zutritt.

Fachmännisch stellen Sie fest, daß es kaum möglich sein wird, auf diesem Weg hereinzukommen. Aber da sind ja noch die Fenster, leicht vom Erdboden aus erreichbar und nur mit einem engmaschigen Drahtgeflecht versehen. Sie holen Ihr Allzweck-Taschenmesser hervor und treten an eins der Fenster heran.

Bevor Sie sich jedoch an dem Drahtgeflecht zu schaffen machen können, kommt es zu
138 ← einer unliebsamen Störung . . .

116

Ohne ein paar müde Dollar in der Tasche läuft nichts. Und Kiebitze sind nicht nur beim Blackjack unbeliebt. Chuck Potter weist Ihnen die Tür.

Unten auf der Straße warten Sie noch eine Weile, aber Ihr Mann taucht nicht auf. Jetzt
34 ← reicht es Ihnen – Sie fahren nach Hause.

117

Der Bankhalter grinst Sie siegesgewiß an.
Aber hat er wirklich Grund dazu?
Sie nehmen eine vierte Karte und würfeln

1 → 171

2 → 180

3 → 187

4 → 195

5 → 205

6 → 214

Sie begnügen sich mit den drei Karten, so daß nun der Bankhalter an der Reihe ist → 166

Sie haben mehr als 21 Augen und somit verloren → 190

118

Ja, es ist wohl sinnvoll, wenn Sie Morelli vorher ins Bild setzen. Ihr Auftraggeber könnte auf seine Weise bei der Befreiung des Mädchens mitwirken. Dieser Überlegung folgend, greifen Sie nach dem Telefon und lassen sich mit Morelli verbinden. Der Mann ist natürlich ganz begeistert von dem, was Sie ihm zu erzählen haben. Seine Komplimente gehen Ihnen runter wie Öl. Bei der geplanten Befreiungsaktion will er sich allerdings raushalten.
»Sie machen das schon, mein Freund«, sagt er. »Ich verlasse mich da ganz auf Sie.«
Es befremdet Sie schon ein bißchen, daß ein besorgter Vater so wenig eigenes Engagement an den Tag legt, wenn es um die Rettung seines einzigen Kindes geht. Aber bitte sehr, seine Sache. Sie verabschieden sich von Morelli und treffen dann Ihre Vorbereitungen für den großen Coup in Lincolnwood.

140 ←

119

Eins steht fest: In Ihrer Wohnung kann Gloria Morelli nicht bleiben. Wer einmal oder zweimal töten will – Sie denken da vielleicht an eine ganz bestimmte brennende Zündschnur –, der kann immer wieder killen. Das Mädchen muß an einen sicheren Ort gebracht werden. Und da fällt Ihnen gleich ein guter Freund ein – Charly Puffin, der Wirt Ihres Stammspeaks.

142 ←

120

Sie gehen ganz systematisch vor und fangen mit der ersten Tür links an. Sie ist verschlossen, öffnet sich mit einem leichten Knarren. Sie verharren mitten in der Bewegung und halten den Atem an. In der Kabine rührt sich jedoch nichts. Sie werden mutig und leuchten mit der Taschenlampe hinein. Leer! Die nächste Kabine – ebenfalls nicht abgeschlossen und leer. Nun die auf der anderen Seite. Die erste ist offen und . . . nicht leer.

Als Sie im Rahmen stehen, flammt in der Kabine das Licht einer Deckenlampe auf. Angeknipst hat sie ein Mann, der, nur mit Shorts und einem schmutzigen Unterhemd bekleidet, auf einem Feldbett sitzt und ganz offenkundig gerade erst aus dem Schlaf hochgeschreckt ist. Sie wollen ihm keine Gelegenheit geben, ganz aufzuwachen, und stürzen sich sofort auf ihn.

Ob Sie ihn überwältigen können, muß eine Körperkraftprobe zeigen. Sie würfeln eine

1 oder 2 → 141

4 bis 6 → 179

121

Als nächstes rufen Sie den Rechtsanwalt Foxstone an, Morellis Mittelsmann. Wenn einer weiß, so sich Morelli aufhält, dann Foxstone.

»Sagen Sie Ihrem Mandanten, daß ich mit ihm sprechen will«, weisen Sie den Anwalt ohne lange Erklärungen an. »Über zwei junge Damen namens Mary-Lou Morelli und Gloria Frazetta!«

So, das sollte genügen. Befriedigt knallen Sie den Hörer auf die Gabel.

143 ←

122

Ziemlich wählerisch, wie? Nun, wenn Sie glauben, daß Sie es sich in Ihrer finanziell angespannten Situation leisten können, Aufträge abzulehnen, dann bleibt Ihnen das selbstverständlich unbenommen. Der große Kriminalfall, den dieses Buch behandelt, wird dann allerdings ohne Ihre Beteiligung über die Bühne gehen . . .

123

Na klar, Sie werden jetzt noch schnell Frank Millers Taschen durchsuchen. Vielleicht hat er ja irgend etwas bei sich, was Aufschluß darüber gibt, warum er Luke Morelli erschossen hat. Sekunden später haben Sie Millers Brieftasche in der Hand und lassen sie in der Innentasche Ihres Jacketts verschwinden. Gerade noch rechtzeitig, denn schon tauchen am Ende des Korridors zwei Pensionsgäste auf.

→ 103

124

Nichts zu machen – die Sekretärin bleibt verschlossen wie eine Auster. Wohl oder übel müssen Sie sich also auf die Suche nach Morellis Tochter machen, ohne irgend etwas über die Identität Ihres Auftraggebers zu wissen.

Leicht frustriert verlassen Sie Foxstones Büro und fahren nach Hause, um die letzten Vorbereitungen für den Besuch in der Privatschule Gloria Morellis zu treffen.

→ 520

125

Schlagen Sie bei Bedarf die Blackjack-Regeln in der Einführung nach.

Außer Ihnen sind noch drei weitere Gäste mit von der Partie. Sie ziehen sich mit ihnen an einen Tisch in der äußersten Ecke zurück, und schon geht es los.
Bankhalter ist Simon Moffet, der Mann, der die Runde angeregt hat. Aber seien Sie vorsichtig. Moffet sagt man nach, daß er manchmal die eine oder andere zusätzliche Karte aus dem Ärmel zieht. Und was die Höhe des Einsatzes angeht: Im ›Charly's‹ verkehren keine Rockefellers – deshalb können Sie pro Runde höchstens zehn Dollar setzen.

131 ←

126

Ihr Versuch, Millers Schlüssel mit blitzschnellem Zugriff an sich zu reißen, mißlingt. Der Lehrer macht einen geschickten Sidestep, der Sie ins Leere greifen läßt. Und dann kommt es ganz peinlich für Sie. Miller geht zum Gegenangriff über, greift Ihnen in die Tasche und bringt *Ihren* Autoschlüssel an sich.
»Nun?« fragt er triumphierend. »Wollen Sie sich meinen Vorschlag nicht doch noch überlegen?«
Und Sie beginnen in der Tat nachzudenken. Wäre es nicht vielleicht wirklich von Vorteil, einen so cleveren und entschlossenen Mann wie Frank Miller an Ihrer Seite zu haben?

268 ←

127

Blackjack ist ein bißchen wie Poker: Man darf seine Gefühle nicht zeigen.
Sie nehmen noch eine vierte Karte und würfeln

1 → 171

2 → 180

3 → 187

4 → 195

5 → 205

6 → 214

Sie begnügen sich mit den drei Karten, so daß nun der Bankhalter an der Reihe ist → 166

Sie haben mehr als 21 Augen und somit verloren → 190

128

Sie sind im ›Star‹ angekommen. Ein kurzes Gespräch an der Rezeption, dann erhalten Sie Bescheid, daß Luke Morelli Sie in seinem Zimmer erwartet. Auch Jack Diamond ist anwesend.
»Hi, Mr. Morelli«, sagen Sie mit der Selbstsicherheit des erfolgreichen Detektivs. »Ihre Tochter ist entführt worden. Aber machen Sie sich keine Sorgen, denn ich kenne bereits einen der Täter: Ihr sauberer Rechtsanwalt Foxstone!«
Die Wirkung Ihrer Worte ist verblüffend. Zunächst tauschen Morelli und Diamond einen langen Blick, dann brechen beide in lautes Lachen aus.
»Wissen Sie, was Sie sind?« sagt Morelli schließlich zu Ihnen. »Sie sind die größte Niete, die mir je begegnet ist. Machen Sie, daß Sie rauskommen, und lassen Sie sich nie wieder blicken!«
151 ← Wie es scheint, sind Sie entlassen . . .

129

Natürlich wissen Sie, daß Morelli und Diamond im Hotel ›Star‹ abgestiegen sind. Und genau dort fahren Sie jetzt hin.
Haben Sie eigentlich den Lehrer Frank Miller als Mitarbeiter verpflichtet?

150 ← Miller ist Ihr Mitarbeiter

210 ← Miller ist nicht Ihr Mitarbeiter

130

M
Muggart 311375
Marx 746549
Moon 218744
Moderson 274599
Morelli 333456
Melville 335674

→ 247

131

Der Bankhalter teilt Ihnen Ihre erste Karte zu und nimmt sich selbst eine, die er zunächst verdeckt vor sich hinlegt. Welche Karte Sie bekommen haben, verrät Ihnen ein Würfelwurf. Die Augenzahl beträgt:

8 ← 1

19 ← 2

28 ← 3

36 ← 4

45 ← 5

54 ← 6

132

Ein Genie sind Sie also nicht. Aber Sie besitzen wenigstens die Ehrlichkeit, sich dies Ihnen selbst gegenüber einzugestehen. Leider hilft Ihnen Ihre Ehrlichkeit jetzt nicht weiter. Sie kommen nicht aus Ihrem Gefängnis heraus und müssen darauf warten, daß jemand erscheint und sich um Sie kümmert. Aber das kann natürlich
590 ← dauern ...

133

Ihr Charme beeindruckt die Pummelige in keinster Weise. Nein, sie hat Ihnen sonst nichts mehr zu sagen. → 89

134

Gedacht, getan! Sie drehen den Hahn auf und stellen mit Befriedigung fest, daß das Wasser als kräftiger Strahl hervorschießt.
Auch Ihre Spekulation, daß das Wasser nicht abfließen wird, geht voll auf. Der Wasserspiegel steigt, umspielt bald Ihre Füße, Ihre Waden, Ihre Knie. Das Ganze entpuppt sich jedoch als wahre Qual, denn das Wasser ist kalt wie Eis. Und es wird noch eine lange, lange Weile dauern, bis der Raum so gefüllt ist, daß Sie zum Fenster hochgetragen werden. Halten Sie durch?
Eine Ausdauerprobe wird es zeigen. Sie würfeln eine

1 oder 2 → 155

3 oder 4 → 175

5 oder 6 → 237

135

Der Barkeeper geleitet Sie in eins der Hinterzimmer, wo man schon auf Sie gewartet zu haben scheint . . . → 104

136

Alles noch drin, oder?
Sie nehmen die vierte Karte und würfeln

171 ← 1

180 ← 2

187 ← 3

195 ← 4

205 ← 5

214 ← 6

166 ← Sie begnügen sich mit den drei Karten, so daß nun der Bankhalter an der Reihe ist

190 ← Sie haben mehr als 21 Augen und somit verloren

137

Stimmt, Johnny Rizzo hat über Ihr weiteres Schicksal entschieden. Zum Glück zeigt sein richtender Daumen nicht nach unten, sondern nach oben. »Du kannst gehen, Buddy«, sagt er. »Aber wenn du dich auch nur noch ein einziges Mal in meine Angelegenheiten einmischst, dann ...«
Er braucht gar nicht weiterzureden, Sie haben schon verstanden. Wenig später sitzen Sie wieder in Ihrem Chevy und fahren nach Hause. Sie haben Ihren Fall zwar nicht gelöst, sind aber wenigstens mit dem Leben davongekommen. Und falls Sie eine kleine Beruhigung Ihres schlechten Gewissens nötig haben – Gloria Morelli wird die ganze Sache auch überleben ...

138

»Flossen hoch!« ertönt eine schnarrende Stimme in Ihrem Rücken. Im ersten Augenblick stehen Sie da wie erstarrt. Sie waren sich so sicher, allein auf weiter Flur zu sein, und nun dies. Wie dem auch sei, Sie müssen jetzt etwas unternehmen – und zwar schnell. Legen Sie eine Reaktionsprobe ab. Dabei würfeln Sie eine

1 bis 2 → 158

3 bis 4 → 201

5 bis 6 → 177

139

Nicht sehr klug von Ihnen, daß Sie dem Kartengeber an den Hals springen. Schließlich sind Sie ja eigentlich nicht zum Blackjack-Spielen hier, sondern wollen sich Vier-Finger-Butch schnappen. Aber daraus wird jetzt natürlich nichts mehr. Zwar kriegen Sie das Geld zurück, das Sie in der letzten Runde gesetzt haben, aber dann fordert Chuck Potter Sie ultimativ auf, seine Räume zu verlassen. Notgedrungen tun Sie, was er verlangt.

Protokollvermerk!

Unten auf der Straße warten Sie noch eine ganze Weile, aber Ihr Mann taucht nicht auf. Dann reicht es Ihnen. Sie gehen zu Ihrem Chevy und fahren nach Hause.

34 ←

140

Setzen sie im Protokoll alle verminderten Fähigkeitsniveaus auf die Anfangswerte.

Ihre Vorbereitungen bestehen überwiegend in purer Entspannung. Der gestrige Tag steckt Ihnen noch in den Knochen, aber Sie spüren deutlich, daß Sie wieder Ihrer vollen Leistungsfähigkeit entgegengehen. Zeit haben Sie noch genug. Es versteht sich von selbst, daß die Befreiungsaktion nur im Schutz der abendlichen Dunkelheit über die Bühne gehen kann.

Bei dieser Gelegenheit noch eins: Falls Sie gestern Ihrer 38er Special verlustig gegangen sind und noch keinen Ersatz dafür haben, sollten Sie jetzt die Funktionsfähigkeit Ihrer Reservewaffe überprüfen.

221 ←

141

Leicht verschlafen mag er noch sein, dieser Mann, aber er ist Ihnen trotzdem über. Nach einem kurzen Gerangel auf dem Feldbett knallt er Ihnen irgendeinen harten Gegenstand an den Kopf, der Sie augenblicklich das Bewußtsein verlieren läßt. → 167

142

Trotz der etwas ungewöhnlichen Stunde ist Charly Puffin sofort bereit, Gloria Morelli bei sich aufzunehmen. Diese Sorge wären Sie erst mal los. → 160

143

Und es genügt in der Tat. Es vergeht nicht einmal eine Viertelstunde, bis Ihr Telefon läutet. Morelli ist am Apparat, höchstpersönlich.

Ja, er will mit Ihnen reden, wenn Sie wollen, gleich. Wie wäre es mit dem ›Black Fish‹, wo Sie sich schon einmal getroffen haben?

Sie erklären sich einverstanden, warnen ihn aber gleich. »Keine Tricks, Boß«, sagen Sie. »Und lassen Sie Ihren Gorilla Diamond im Zoo!«

Dann verklickern Sie ihm die Story mit der angeblich eingeweihten Vertrauensperson und beenden das Telefonat. → 161

144

Und wieder müssen Sie viele bohrenden Fragen der Polizei beantworten. Allein der Umstand, daß Miller seine Pistole noch mit starrer Hand umklammert hält und damit auch geschossen hat, rettet Sie. Ihre Einlassung, aus purer Notwehr geschossen zu haben, läßt sich nicht widerlegen. Wohl oder übel müssen die Bullen Sie schließlich laufenlassen.

Daß Sie ihnen gegenüber keine Silbe von Frank Millers letzten Worten erwähnt
182 ← haben, versteht sich von selbst.

145

Sie erfahren von Diamond noch nichts Konkretes. Er gibt sich als Mittelsmann eines Dritten aus, bei dem es sich um den eigentlichen Auftraggeber handelt. Den Namen dieses Mannes will er aber noch nicht verraten. Er fordert Sie lediglich auf, sich abends um acht im ›Black Fish‹ in der Poll Street einzufinden.

Bevor Sie noch irgendwelche Fragen stellen können, hat sich Diamond bereits verabschiedet. Gedankenvoll blicken sie ihm
164 ← nach, als er das Speak verläßt.

146

Treffer oder Niete, das ist hier die Frage!
Sie nehmen noch eine vierte Karte und würfeln

1 → 171

2 → 180

3 → 187

4 → 195

5 → 205

6 → 214

Sie begnügen sich mit den drei Karten, so daß nun der Bankhalter an der Reihe ist → 166

Sie haben mehr als 21 Augen und somit verloren → 190

147

Dieser Kleidungsfetzen da an dem Strauch – also, wenn der nicht von einer geblümten Bluse stammt, dann wollen Sie verdammt sein. Und Gloria Morelli hatte am Tag ihres Verschwindens eine geblümte Bluse getragen!

Ihre Gedanken jagen sich, ordnen sich zu messerscharfen Schlußfolgerungen. Der Blusenfetzen, die genickten Zweige, der aufgewühlte Erdboden, die Reifenspuren, diese Schachtel ›GOLDEN PARADISE‹ ... Der Verdacht, der schon die ganze Zeit über in Ihnen bohrt, scheint sich zu bestätigen: Gloria Morelli hat das Schulgelände nicht aus freien Stücken verlassen. Sie ist entführt worden!

Notieren Sie den Namen auf einem Zettel

Ahnen Sie schon, wer an dem Kidnapping zumindest beteiligt war? Wenn ja, dann sollten sie den Namen des Verdächtigen in Ihrem Notizbuch festhalten. Nachdem Sie dies getan haben, lösen Sie den Blusenfetzen von dem Strauch, heben die GOLDEN-PARADISE-Schachtel auf und stecken beides als Beweismittel in die Tasche. Dann eilen sie auf dem schnellsten Weg zur Schule zurück.

Noch 147

Direktor Regan, Lehrer Miller und Mary-Lou Frazetta warten bereits auf Sie. Alle sind begierig darauf zu erfahren, ob Sie irgendwelche Erkenntnisse gewonnen haben. Wen haben Sie als Verdächtigen notiert?

Regan → 170

Miller → 191

Mary-Lou → 207

Eine andere Person → 235

Niemanden → 267

148

Das Mädchen ist Ihrem überwältigenden Charme nicht gewachsen. Zwar wahrt sie die Form und sagt noch immer kein Wort. Aber sie schlägt wie von ungefähr eine Seite ihres Telefonverzeichnisses auf und läßt Sie einen Blick hineinwerfen.
Gelegenheit, sich Notizen zu machen, bekommen Sie allerdings nicht. Sie müssen sich also ganz auf Ihre rasche Auffassungsgabe und Ihr Gedächtnis verlassen.
Und das sehen Sie:

Studieren Sie das folgende Bild 5 Sekunden – nicht länger!

→ 130

149

Mit plattem Reifen ist schlecht Fahren, schießt es Ihnen durch den Kopf. Und schon gehen Sie, völlig überraschend für Miller, in die Knie und machen sich am Ventil des rechten Vorderrades des Buicks zu schaffen. Sind Sie geschickt genug, die Luft abzulassen?
Eine entsprechende Probe wird es beweisen. Ihr Würfelergebnis lautet

208 ⟵ 1 oder 2

189 ⟵ 3 oder 4

172 ⟵ 5 oder 6

150

Sie halten es nicht für angebracht, daß Miller bei der Unterredung, die Sie jetzt führen werden, anwesend ist. Deshalb lassen Sie ihn in einem Speak gegenüber dem ›Star‹ warten und betreten das Hotel allein.
Der Laden ist nicht mehr so schäbig, wie Sie ihn in Erinnerung haben. Es laufen keine Nutten mit ihren Freiern herum, und man scheint auch einiges investiert zu haben, um das ganze Interieur aufzupolieren. Vielleicht sind die Änderungen vorgenommen worden, um Luke Morelli einen standesgemäßen Rahmen zu bieten.
Ihnen ist bekannt, welchen ›beruflichen‹ Hintergrund Ihr Auftraggeber hat?

Ja → 193

Nein → 173

151

Ein paar Tage später lesen Sie in der Zeitung, daß Luke Morelli ermordet worden ist. Die Beschreibung des noch unbekannten Täters erinnert Sie verblüffend an einen Mann, den Sie ganz gut kennen – an den Lehrer Frank Miller nämlich.
Sieht so aus, als ob Sie mit Ihrer Foxstone-Theorie ganz schön auf dem Holzweg waren. Aber machen Sie sich keine weiteren Gedanken. Der Fall Morelli war ganz einfach ein paar Nummern zu groß für Sie . . .

152

Schlagen Sie bei Bedarf die Blackjack-Regeln in der Einführung nach.

Das ist ja eine tolle Begrüßung, denken Sie und nehmen am Spieltisch Platz. Außer Ihnen sind noch drei andere Männer mit von der Partie. Keiner von ihnen stellt sich vor, aber wenn Sie so in ihre harten Gesichter blicken . . . Ja, das könnten wirklich echte Mafiosi sein.

Aber Sie können natürlich nicht gleich mit der Tür ins Haus fallen und komische Fragen stellen. Erst einmal müssen Sie ein paar Runden spielen. Und dabei dürften Ihre Nerven ganz schön beansprucht werden – der Mindesteinsatz im ›Ace of Spades‹ beträgt nämlich hundert Dollar!

131 ←

153

Und wirklich, das pummelige Mädchen kann Ihnen doch allerhand erzählen. Beispielsweise, daß Miller kurz das Speak verlassen und dann ein Telefonat geführt hat. Und Sie weiß sogar, was er am Telefon gesagt hat – daß er nämlich in einer Pension namens ›Chez Louise‹ absteigen werde und dort für seinen Telefonpartner zu erreichen sei. Sie bedanken sich vielmals bei der Blondine, machen ihr Hoffnung auf ein Rendezvous in der nahen Zukunft und verlassen das Speak.

Sie nehmen sich vor, Miller in dieser Pension aufzusuchen → 212

Was sollen Sie Miller nachlaufen? → 196

154

Al Capone pflegte angesichts eines solchen Kartenbilds nach seiner Pistole zu tasten. Aber Sie sind nicht Al Capone.
Deshalb nehmen Sie noch eine vierte Karte und würfeln

171 ← 1

180 ← 2

187 ← 3

195 ← 4

205 ← 5

214 ← 6

166 ← Sie begnügen sich mit den drei Karten, so daß nun der Bankhalter an der Reihe ist

190 ← Sie haben mehr als 21 Augen und somit verloren

155

Nein, Sie halten diese eisige Kälte, die Ihre Beine erstarren läßt und sich schnell im ganzen Körper ausbreitet, nicht länger aus. Beinahe hastig waten Sie zum Wasserhahn, drehen ihn zu und lösen den Stopfen aus dem Abfluß. Dann warten Sie sehnsüchtig darauf, daß das Wasser durch den Gully im Boden abfließt und Sie aus Ihrer frostigen Qual befreit. Und als dies geschehen ist und Sie langsam wieder auftauen, gilt es, weiter zu warten – darauf nämlich, daß jemand kommt und sich um Sie kümmert.

Aber das kann natürlich dauern . . . → 590

156

Sie schweigen, erwidern Johnny Rizzos bohrenden Blick nur mit einem gewissen Trotz. Man kann Ihr Verhalten als charakterfeste Standhaftigkeit bezeichnen – oder auch als völlige Verkennung der Situation. Skupellose Gangster wie die, mit denen Sie es hier zu tun haben, können sehr unangenehm werden.

Einen kleinen Vorgeschmack bekommen Sie umgehend. Rizzo gibt dem Vierschrötigen einen kleinen Wink. Dieser tritt auf Sie zu, ballt die Faust und verpaßt Ihnen einen knallharten Kinnhaken. Nachdem Ihnen Rizzo Gelegenheit gegeben hat, einen Zahn auszuspucken, kommt er zum alten Thema zurück.

»Also noch einmal, Buddy, warum bist du hier?« fragt er. Jetzt müssen Sie Ihre Cleverneß beweisen.

Legen Sie eine entsprechende Probe ab. Ihr Würfelergebnis ist

176 ⟵ 1 oder 2

199 ⟵ 3, 4, 5 oder 6

157

Nicht sehr klug von Ihnen, daß Sie hier Stunk machen. Schließlich sind Sie ja nicht eigentlich zum Blackjack-Spielen hier, sondern Sie wollen sich Vier-Finger-Butch schnappen. Aber daraus wird jetzt natürlich nichts mehr. Ihre geprellten Mitspieler werden zwar nicht handgreiflich, sondern beschimpfen Sie nur. Dann jedoch fordert Chuck Potter Sie ultimativ auf, seine Räume zu verlassen. Notgedrungen tun Sie, was er verlangt.
Unten auf der Straße warten Sie noch eine ganze Weile, aber Ihr Mann taucht nicht auf. Jetzt reicht es Ihnen – Sie fahren nach Hause. → 34

158

Das große Taschenmesser in Ihrer Hand ist ein Trumpf, mit dem derjenige, der da hinter Ihnen steht, nicht rechnen kann. Sie wirbeln blitzartig herum und erkennen, daß Sie es sogar mit zwei Kerlen zu tun haben, von denen der eine eine Pistole auf Sie gerichtet hält. Ihre erhobene rechte Hand schwingt leicht zurück, will das Messer auf den Pistolenmann schleudern. Aber Sie sind etwas zu langsam. Bevor sich das Messer aus Ihrer Hand löst, schießt der Typ bereits. Sie werden mitten ins Herz getroffen und sind auf der Stelle tot. Aus und vorbei . . .

159

Zu Hause angekommen, haben Sie nur noch einen Wunsch: endlich ins Bett. Und dann werden Sie schlafen bis ans Ende aller Tage.

183 ←

160

Zum Schlafen kommen Sie in dieser Nacht vorerst nicht. Zu wild sind die Gedanken, die Ihnen durch den Kopf schießen, zu absurd die Spekulationen, die sich Ihnen aufdrängen. Aber sind sie wirklich so absurd? Wenn Sie richtig überlegen, was Ihnen Gloria vorhin über das Verhältnis zu ihrem Vater erzählt hat . . .

Was sagt Ihr ›sechster Sinn‹ – kann an der wahrhaft abenteuerlichen Idee, die Ihnen da gekommen ist, etwas dran sein?

Sie legen eine entsprechende Probe ab und würfeln eine

184 ← 1 – 2

223 ← 3 – 4

260 ← 5 – 6

161

Eine knappe halbe Stunde später betreten Sie das ›Black Fish‹. Und am liebsten würden Sie auch gleich wieder gehen, denn das Lokal wirkt beinahe gespenstisch. Es ist Mittag, die Zeit also, in der Freßläden normalerweise am besten besucht sind. Das ›Black Fish‹ hingegen ist gähnend leer. Kein einziger Gast, kein Kellner, nur der Besitzer selbst hinter dem Tresen. Und in der äußersten Ecke des Lokals . . . Luke Morelli.

»Nur eine normale Vorsichtsmaßnahme«, ruft er Ihnen entgegen, als er Ihr Zögern bemerkt. »Kommen Sie, es ist bestimmt keine Falle.«

Ihnen bleibt wohl nichts anderes übrig, als ihm zu glauben.

Wen wird Ihre angebliche Vertrauensperson im Falle Ihres Ablebens informieren –

die Polizei? → 181

eine andere Person? → 318

162

Die letzten Gedanken Millers galten Mary-Lou Frazetta – oder auch Mary-Lou Morelli, ganz wie man will. Sie erinnern sich an Ihren Besuch in der Schule in Elmhurst. Hatten Sie nicht gleich das Gefühl, daß zwischen Miller und dem Mädchen ein innigeres Verhältnis bestand, als es normalerweise zwischen Lehrer und Schülerin üblich ist? Gar keine Frage – zwischen dem Verhältnis der beiden und der Ermordung Morellis durch Miller muß es einen engen Zusammenhang geben. Und wer könnte diesen Zusammenhang besser erklären als Mary-Lou Frazetta selbst?

Sie beschließen, unverzüglich nach Elmhurst zu fahren.

500 ←

163

Das könnte genau die Karte sein, auf die Sie gewartet haben – oder auch nicht.
Sie nehmen noch eine vierte Karte und würfeln

1 → 171

2 → 180

3 → 187

4 → 195

5 → 205

6 → 214

Sie begnügen sich mit den drei Karten, so daß nun der Bankhalter an der Reihe ist → 166

Sie haben mehr als 21 Augen und somit verloren → 190

164

Pünktlich wie ein Cop, der kommt, um sein Schmiergeld zu kassieren, sind Sie zur Stelle. Sie haben Ihren alten Chevrolet auf der anderen Straßenseite geparkt und betreten das ›Black Fish‹ durch den Vordereingang in der Poll Street. (Es gibt, wie Sie wissen, noch einen Hinterausgang in der Seitenstraße Clark Street.)

Der Laden ist keine getarnte Kneipe, sondern ein Restaurant – Spezialität Fisch. Und warum es ›black‹ heißt, wird Ihnen jetzt auch klar: Es riecht verdammt angebrannt. Trotzdem haben Sie gegen den Treffpunkt nichts einzuwenden, besteht doch Hoffnung, daß Ihr potentieller Auftraggeber Sie zum Abendessen einlädt.

Suchend blicken Sie sich um, und da tritt Jack Diamond auch schon auf Sie zu. Er begrüßt Sie mit einem knappen »Hi!« und bedeutet Ihnen dann mit einer Kopfbewegung, ihm zu folgen – nicht zu einem der Tische, sondern in ein Hinterzimmer. Mit
186 ← dem Gratisessen wird es wohl nichts.

165

Natürlich wissen Sie, daß Luke Morelli im Hotel ›Star‹ wohnt. Schließlich sind Sie ja ein meisterhafter Detektiv. Auf zum ›Star‹ also.
Arbeiten Sie noch allein oder haben Sie den Lehrer Frank Miller als Mitarbeiter engagiert?

Miller ist Ihr Mitarbeiter → 627

Miller ist nicht Ihr Mitarbeiter → 128

166

Der Bankhalter dreht die verdeckte Karte, die er sich zu Beginn der Runde zugeteilt hat, um.
Sie würfeln für ihn und stellen fest, um welche Karte es sich handelt:

1 → 400

2 → 408

3 → 418

4 → 426

5 → 435

6 → 445

167

Aus dieser tiefen Bewußtlosigkeit erwachen Sie nie wieder. Nicht, daß der Schlag an den Kopf tödlich gewesen wäre. Umgebracht werden Sie erst später – während Sie noch bewußtlos sind. Das ›Wie‹ Ihres Endes bleibt Ihnen somit bis in alle Ewigkeit verborgen . . .

168

→ 244

169

Ihr Charme bleibt nicht ohne Wirkung auf das Girl. Sie greift nach ihrem Telefonverzeichnis, macht Anstalten, es aufzublättern und Sie einen Blick hineinwerfen zu lassen. Aber dazu kommt es dann doch nicht. Die Gewissenhaftigkeit der Sekretärin obsiegt – sie legt das Verzeichnis ungeöffnet wieder auf ihren Schreibtisch.
Sind Sie einer jener Leute, von denen man sagt: »Mann, Sie haben vielleicht Nerven?« Legen Sie eine Probe Ihrer Nervenstärke ab. Sie würfeln

188 ← 1 – 3

206 ← 4 – 6

170

»Ja«, sagen Sie triumphierend, »ich habe Erkenntnisse gewonnen!« Dann berichten Sie von Ihrer Entdeckung und packen Regan an seinem gestreiften Hemdkragen. »Los, Mann, gestehen Sie«, zischen Sie ihn an. »Was haben Sie mit Gloria gemacht?«
Der Direktor japst nach Luft, und wenn Miller nicht dazwischengegangen wäre, hätten Sie ihn vielleicht sogar erwürgt. Und das wäre für Sie sehr fatal geworden, denn Sie haben nicht das geringste in der Hand, was Sie gegen ihn vorbringen können. Die GOLDEN-PARADISE-Schachtel gehört ihm nachweislich nicht!
So sind Sie gezwungen, sich in aller Form bei Regan zu entschuldigen. Der Direktor ist großmütig und nimmt Ihre Entschuldigung an.

→ 248

171

Knisternde Spannung am Tisch: Ist er noch im Spiel oder hat er sich übernommen? Sie nehmen eine weitere Karte und würfeln

224 ← 1

233 ← 2

243 ← 3

254 ← 4

262 ← 5

273 ← 6

166 ← Keine neue Karte mehr – der Bankhalter ist an der Reihe

190 ← Sie haben mehr als 21 Augen und somit verloren

172

Natürlich sind Sie geschickt genug. Schließlich gehen Sie nicht mit bloßer Hand zu Werke, sondern benutzen Ihren Schlüsselbund als Hilfsmittel.
Die Luft pfeift so schnell aus dem Reifen, daß er schon platt ist, bevor Miller richtig merkt, was Sie da eigentlich tun. Grinsend richten Sie sich wieder auf.
»Wünsche noch eine gute Fahrt«, sagen Sie ironisch, nicken Miller noch einmal zu und gehen anschließend in aller Gemütsruhe zu Ihrem Chevy hinüber. Als Sie den Motor starten, steht der Lehrer noch immer völlig verdattert neben seinem Plattfuß.
Den wären Sie los! Mit dem befriedigenden Gefühl, Miller den Unterschied zwischen einem Amateur und einem Profi mit Nachdruck klargemacht zu haben, fahren Sie in Richtung Chicago.

—> 228

173

Wenn Sie noch nicht im Bilde sind, dann wird es höchste Zeit, daß Sie über die Identität Morellis Klarheit gewinnen. Fragen Sie doch mal den südländischen Typ an der Rezeption. Der Bursche sieht so gelangweilt aus, daß er bestimmt für ein kleines Schwätzchen zu haben ist.

—> 647

174

Und wirklich, das pummelige Mädchen kann Ihnen noch allerhand erzählen. Beispielsweise, daß Miller kurz das Speak verlassen und dann ein Telefonat geführt hat. Und sie weiß sogar, was er am Telefon gesagt hat – daß er nämlich in einer Pension namens ›Chez Louise‹ absteigen werde und dort für seinen Telefonpartner im Zimmer 19 zu erreichen sei.
Sie bedanken sich vielmals bei der Blondine, machen Ihr Hoffnung auf ein Rendezvous in der nahen Zukunft und verlassen das Speak.

212 ← Sie nehmen sich vor, Miller in dieser Pension aufzusuchen

196 ← Was sollen Sie Miller nachlaufen?

175

Mannhaft trotzen Sie der eisigen Kälte, die Ihre Beine erstarren läßt und sich schnell im ganzen Körper ausbreitet. Schließlich stehen sie bis zum Bauch im Wasser.
Aber Sie haben die Geschwindigkeit, mit der sich der Raum füllt, überschätzt. Noch ist gar nicht abzusehen, wann der Wasserspiegel so weit gestiegen ist, daß Sie zum Schwimmen übergehen müssen. Ihre Ausdauer wird wirklich einer harten Prüfung unterzogen.
Dies zwingt Sie zu einer abermaligen Probe. Diesmal würfeln Sie eine

1 – 3 → 198

4 – 6 → 209

176

Ihre Cleverneß steht in umgekehrten Verhältnis zu Ihrer Uneinsichtigkeit: Sie bleiben verstockt und schweigen die Gangster hartnäckig weiter an.
Dies rächt sich bitter. Johnny Rizzo hat offensichtlich keinerlei Neigung, sich noch länger mit Ihnen herumzuschlagen. Er gibt dem Vierschrötigen ein neuerliches Zeichen, und der schreitet unverzüglich zur Tat. Mit beiläufigem Achselzucken greift er nach einem Revolver, und erschießt Sie, ohne mit der Wimper zu zucken.
Das war's . . .

177

Das große Taschenmesser in Ihrer Hand ist ein Trumpf, mit dem derjenige, der da hinter Ihnen steht, nicht rechnen kann. Sie wirbeln blitzartig herum und erkennen, daß Sie es sogar mit zwei Kerlen zu tun haben, von denen der eine eine Pistole auf Sie gerichtet hält. Ihre erhobene rechte Hand schwingt leicht zurück, schleudert das Messer in Richtung des Pistolenmannes.

Der Kerl sieht im matten Licht der Hafenbeleuchtung das metallische Blitzen, duckt sich automatisch. Und schon sind Sie bei ihm und schlagen ihm mit einem gekonnten Handkantenhieb die Waffe aus der Hand. Die Pistole segelt durch die Luft und schlüpft wie von selbst in Ihre Rechte. Und nun sind Sie derjenige, der die Situation beherrscht.

»Wollen wir doch mal sehen, wer hier die Flossen hochnimmt«, sagen Sie mit sattem Triumph in der Stimme. Der Erfolg Ihres

227 ← Kommandos zeigt sich unverzüglich . . .

178

»Spielt nur weiter, Jungs, ich mache schon auf«, rufen Sie Chuck Potter und seinen beiden Kumpels zu.

Und da die drei schon in die nächste Runde vertieft sind und Sie inzwischen ohnehin so etwas wie Hausrecht in der Wohnung besitzen, gibt Potter nur brummend seine Zustimmung und teilt seinen Gegenüber die dritte Karte zu.

Sie fingern die Pistole aus dem Holster, gehen zur Tür und öffnen. Ganz wie erwartet: der Vierfingrige!

→ 202

179

Verschlafen, wie der Kerl noch ist, hat er gegen Sie keine Chance. In Sekundenschnelle haben Sie ihn so auf dem Feldbett festgenagelt, daß er sich praktisch nicht mehr rühren kann.

»Okay, Bastard«, sagen Sie zwar flüsternd, aber überaus eindringlich, »wo ist Sie?«

Der Bursche schaut Sie nur an und sagt kein Wort, was Sie dazu veranlaßt, ihm eine schallende Ohrfeige zu versetzen.

»Ich höre«, sagen Sie nonchalant.

Damit ist der Widerstand des Typen bereits gebrochen. »Nebenan«, preßt er hervor, wobei seine Augen furchtsam flakkern.

Toller Gefangenenwärter, denken Sie und fragen ihn dann, ob sonst noch jemand an Bord sei. Und nachdem er diese Frage widerstrebend verneint hat, fesseln und knebeln Sie ihn mit seinem schmierigen Bettzeug und machen sich auf den Weg zur

203 ← Nachbarkabine.

180

Weder Fisch noch Fleisch, diese Karte, nicht? Sind Sie trotzdem daran erstickt?
Sie nehmen eine weitere Karte und würfeln

1 → 224

2 → 233

3 → 243

4 → 254

5 → 262

6 → 273

Keine neue Karte mehr – der Bankhalter ist an der Reihe → 166

Sie haben mehr als 21 Augen und somit verloren → 190

181

Sie hätten Morelli wohl besser doch nicht geglaubt, denn kaum sitzen Sie an seinem Tisch, da zückt er auch schon eine kleine handliche Pistole und richtet Sie auf Ihre Brust.

Sie zucken zusammen, fassen sich aber schnell wieder. »Das wagen Sie nicht«, sagen Sie tapfer. »Wenn Sie mich erschießen, wird die Polizei . . .«

Morelli unterbricht Ihre Worte mit einem kurzen Auflachen. »Die Polizei wird gar nichts«, sagt er lässig. »Sie ist mein Freund und Helfer, verstehen Sie?«

Und ob Sie verstehen. Ein Gangster vom Format Morellis hat überall beste Beziehungen – natürlich auch bei der Polizei, besonders bei den höheren Chargen. Daß Sie das nicht früher bedacht haben!

Ihr Leben hängt nur noch an einem seidenen Faden. Wenn Sie jetzt nicht die Nerven bewahren . . .

Sie legen eine entsprechende Probe ab und würfeln eine

185 ← 1

219 ← 2 bis 4

300 ← 5 oder 6

182

Als nächstes haben Sie eine nicht ganz einfache Aufgabe zu erledigen: Sie müssen Gloria Morelli – oder auch Gloria Frazetta, ganz wie man will – beibringen, daß Luke Morelli nicht ihr Vater ist. Und natürlich auch, daß Morelli erschossen wurde – von ihrem Lehrer Frank Miller.

Überraschenderweise nimmt das Mädchen alles, was Sie ihr berichten, ziemlich gefaßt auf. Sie hat sich vom Schock der vergangenen Nacht gut erholt und scheint auch nicht mehr unter den Nachwirkungen ihrer Gefangenschaft auf dem Hausboot zu leiden.

Da Morelli nun tot ist und wohl keine Gefahr mehr für ihr Leben besteht, besteht kein Grund, sie noch länger bei Charly Puffin zu lassen. Sie holen sie wieder in Ihr Wohnbüro.

Und in der Nacht fällt es Ihnen noch schwerer als gestern, allein auf der Couch Ihres Arbeitszimmers zu schlafen.

Mit den Gedanken bei Frank Millers ›Hinterlassenschaft‹ an Sie, dämmern Sie in den Schlaf hinüber.

Was hat Ihnen Miller hinterlassen –

die Worte »Der . . . der . . . Schlüssel . . . Foxstone«? ⟶ 419

diese Worte und seine Brieftasche ⟶ 222

183

Ganz so lange schlafen Sie zwar nicht, aber die Sonne blinzelt doch schon schräg in Ihr kleines Schlafkammerfenster, als Sie endlich aufwachen. Selbst jetzt kostet Sie das Aufstehen noch eine gewisse Überwindung. Gemächlich erledigen Sie Ihre ›Morgenwäsche‹, ziehen sich an und frühstükken erst einmal anständig. Dabei kreisen Ihre Gedanken um Gloria Morelli und ihren Vater.

77 ← Morelli lebt noch

200 ← Morelli ist tot

184

Nein, diese Spekulation ist zu verrückt. Sie verfolgen den irren Gedankengang nicht weiter und schlafen schließlich doch noch
204 ← ein.

185

Ihre Nerven flippen. Ihre rechte Hand langt hastig über den Tisch, will Morelli die Pistole entreißen. Aber der Gangsterboß gibt Ihnen keine Chance, schießt sofort.
Die Kugel trifft Sie mitten ins Herz – Sie sind auf der Stelle tot . . .

186

In der Tat, auf das erhoffte Abendessen müssen Sie verzichten. Dafür werden Sie jedoch durch einen Bourbon entschädigt, der zweifellos aus einer erstklassigen Schwarzbrennerei stammt.

Ihr Gastgeber, den Diamond als Luke Morelli vorstellt, ist ein kleiner, nichtsdestoweniger aber doch recht eindrucksvoller Mann von etwa fünfzig Jahren. Er hat ein scharf geschnittenes, intelligentes Gesicht und einen leicht stechenden Blick. Sein dunkelgrauer Maßanzug würde jedem Banker zur Ehre gereichen, und der dicke, goldene Siegelring an seiner feingliedrigen Hand ist mehr wert, als Sie in einem ganzen Jahr verdienen.

Morelli hält sich nicht lange mit der Vorrede auf, sondern kommt gleich zur Sache. Sie sollen seine Tochter Gloria suchen, die vor zwei Tagen aus einer Privatschule im Vorort Elmhurst verschwunden ist.

Grundsätzlich sind Sie interessiert daran, den Auftrag zu übernehmen, zumal Morelli Ihre Honorarforderung – zwanzig Dollar pro Tag zuzüglich Spesen – ohne Widerrede akzeptiert. Aber natürlich wollen Sie noch etwas mehr über Ihren Auftraggeber wissen – wer er ist, was er tut und so weiter. Aber da beißen Sie bei Morelli auf Granit. Der Mann ist nicht bereit, Ihnen irgendwelche Informationen über seine Person zu geben.

Lesen Sie weiter
auf Seite 136

Noch 186

»Finden Sie nur meine Tochter«, sagt er. »Alles andere ist nebensächlich.«

Ihr detektivisches Gespür läßt Sie vermuten, daß Morelli nicht ohne guten Grund den Geheimnisvollen spielt. Mit einiger Sicherheit steckt hinter der ganzen Geschichte mehr, als es auf den ersten Blick den Anschein hat . . .

213 ←

187

Sofern der Alkohol nicht Ihr Zählvermögen beeinträchtigt hat, kann diese Karte Sie nicht umbringen.
Sie nehmen noch eine weitere und würfeln

1 → 224

2 → 233

3 → 243

4 → 254

5 → 262

6 → 273

Keine neue Karte mehr – der Bankhalter ist an der Reihe → 166

Sie haben mehr als 21 Augen und somit verloren → 190

188

Nein, Sie wagen es nicht, kurz und schmerzlos nach dem Telefonverzeichnis zu greifen und Morellis Nummer aufzuschlagen. So müssen Sie leider wieder abziehen, ohne etwas über die Identität Ihres Auftraggebers in Erfahrung gebracht zu haben. Leicht frustriert fahren Sie nach Hause, um die letzten Vorbereitungen für den Besuch in der Privatschule Gloria Morellis zu treffen.

520 ←

189

Obwohl Sie Ihren Schlüsselbund als Hilfsmittel benutzen, entweicht die Luft dem Reifen nicht ganz so schnell, wie Sie gehofft hatten. Als sich Miller von seiner Überraschung erholt hat und Sie mit verblüffend energischem Zugriff an Ihrem Tun hindert, ist der Reifen zwar noch nicht platt, aber doch ziemlich down. Sie würden damit nicht fahren.

Indem Sie dem Lehrer noch eine wenig freundliche Bemerkung an den Kopf werfen, wenden Sie sich ab und gehen zu Ihrem Chevy hinüber. Als Sie den Motor anlassen, sehen Sie bei einem Blick zurück, daß Miller trotz seines drucklosen Reifens in den Buick gestiegen ist. Mit der Hoffnung, daß er bei der Verfolgung nicht allzu weit kommen wird, geben Sie kräftig Gas und fahren in Richtung Chicago.

228 ←

190

Diese Runde ging an den Bankhalter. Aber eine verlorene Schlacht ist ja noch kein verlorener Krieg. Wenn Sie Lust haben und noch über genug Kleingeld verfügen, können Sie weiterspielen.

Auf ein neues → 131

Schluß für heute → 225

191

»Ja«, sagen Sie mit aller Selbstverständlichkeit dieser Welt, »ich habe Erkenntnisse gewonnen.«
Dann berichten Sie von Ihrer Entdeckung, halten Ihren Verdacht gegen Miller aber wohlweislich für sich. Noch ist der Zeitpunkt nicht gekommen – Morelli soll selbst über das weitere Vorgehen gegen den schurkischen Lehrer entscheiden.
Ihre Feststellung, daß Gloria entführt wurde, schlägt bei den dreien wie eine Bombe ein. Vor allem bei Miller, der eine schauspielerische Glanzleistung hinlegt und sich vor scheinbarem Entsetzen kaum fassen kann.
Für Sie gibt es hier in der Schule nichts mehr zu tun – für den Augenblick jedenfalls. Daher verabschieden Sie sich von den beiden Männern und dem sichtlich verstörten Mädchen und gehen zu Ihrem Wagen, um nach Chicago zurückzufahren. → 287

192

Natürlich wissen Sie, daß Luke Morelli im Hotel ›Star‹ wohnt. Daß Sie noch keinen Täter präsentieren können, ändert ja schließlich nichts an den Tatsachen, daß Sie ein erstklassiger Detektiv sind. Auf zum ›Star‹ also.
Arbeiten Sie noch allein oder haben Sie den Lehrer Miller als Mitarbeiter verpflichtet?

627 ← Miller ist Ihr Mitarbeiter

6 ← Miller ist nicht Ihr Mitarbeiter

193

Während Sie auf den südländisch aussehenden Typ an der Rezeption zugehen, führen Sie sich noch einmal vor Augen, daß Luke Morelli ein hochrangiger Gangster ist, der sich mit anderen Unterweltbossen um die Nachfolge Al Capones streitet. Und ganz plötzlich kommen Ihnen Bedenken.

Der Gedanke, daß die Entführung Gloria Morellis mit dem Zwist der Gangster in Verbindung steht, ist nicht von der Hand zu weisen – noch dazu, wo Jack Diamond seine Finger im Spiel hat. Wäre es unter diesen Umständen nicht klüger, schleunigst aus der ganzen Sache auszusteigen und eine kleine Urlaubsreise anzutreten – irgendwohin, wo Morelli, Diamond oder sonstige Dunkelmänner Sie nicht aufspüren können?

Kommt nicht in Frage –
Sie machen weiter —> 669

Genau das – Sie hauen für ein paar
Wochen ab aus Chicago —> 467

194

320 ←

195

Nur für den Fall, daß diese Karte zu hoch für Sie ist: Don't worry, be happy!
Sie sind happy, nehmen noch eine weitere Karte und würfeln

1	→ 224
2	→ 233
3	→ 243
4	→ 254
5	→ 262
6	→ 273

Keine neue Karte mehr – der Bankhalter ist an der Reihe → 166

Sie haben mehr als 21 Augen und somit verloren → 190

196

Sie steigen in Ihren Chevy und kehren, von Ihrem knurrenden Magen getrieben, dem
9 ← Hafenviertel eiligst den Rücken.

197

Glück gehabt beim Spiel? Nun, Sie werden es wissen. In jedem Fall hatten Sie kein Glück bei Ihren diskreten Versuchen, etwas über die Machenschaften Johnny Rizzos in Erfahrung zu bringen. Den Männern, mit denen Sie am Kartentisch saßen, ging es an diesem Abend nur ums Spielen – an ablenkender Konversation hatten sie keinerlei Interesse.

Trotzdem werden Sie vielleicht noch von dieser Blackjack-Runde profitieren – man kann ja nie wissen. Jetzt aber sollten Sie
312 ← sich auf den Weg zur Villa Rizzos machen.

198

Sie halten durch, bis das Wasser Ihre Brustwarzen zu vereisen beginnt, dann können Sie nicht mehr. So schnell, wie es die Umstände erlauben, waten Sie zum Wasserkran, tauchen unter und drehen ihn zu. Anschließend lösen Sie auch den Stopfen aus dem Abfluß und kommen prustend wieder nach oben.

Nun heißt es warten – darauf, daß das Wasser abfließt und Sie aus Ihrer frostigen Qual befreit. Und natürlich darauf, daß jemand kommt und sich um sie kümmert. Aber das kann natürlich dauern . . .

→ 590

199

Sie haben die Zeichen der Zeit erkannt. Wenn Sie weiterhin auf stur schalten, müssen Sie mit dem Schlimmsten rechnen – sogar damit, daß Rizzo Sie kurzerhand umlegen läßt. Und Ihnen ist auch klar, daß Sie nicht mit Ausflüchten durchkommen. Jetzt hilft nur noch eins: die Wahrheit. Deshalb geben Sie offen zu, daß Sie im Auftrag Luke Morellis da sind, um nach seiner Tochter zu suchen.

»Ich bin Privatdetektiv, Mr. Rizzo«, bemerken Sie abschließend. »Ich lebe davon, daß ich Aufträge ausführe. Wenn Sie mir einen erteilen würden . . .«

Den Rest des Satzes sparen Sie sich, denn Rizzo wird schon wissen, was Sie meinen. Mit leichter Nervosität, die Sie allerdings ausgezeichnet verbergen können, warten Sie auf die Reaktion des Gangsterbosses.

215 ←

200

Sie bedauern sehr, daß Ihr Auftraggeber nicht mehr unter den Lebenden weilt. Zu gerne hätten Sie ihm berichtet, welchen großen Erfolg Sie gestern erzielt haben. Und heute werden Sie diesen Erfolg noch krönen, indem Sie Gloria Morelli befreien. Sie machen sich daran, die entsprechenden Vorbereitungen dazu zu treffen.

140 ←

201

Das große Taschenmesser in Ihrer Hand ist ein Trumpf, mit dem derjenige, der da hinter Ihnen steht, nicht rechnen kann. Sie wirbeln blitzartig herum und erkennen, daß Sie es sogar mit zwei Kerlen zu tun haben, von denen der eine eine Pistole auf Sie gerichtet hält. Ihre rechte Hand schwingt leicht zurück, schleudert das Messer in Richtung des Pistolenmanns.

Der Kerl sieht im matten Licht der Hafenbeleuchtung das metallische Blitzen, duckt sich automatisch. Und schon sind Sie bei ihm und versuchen, ihn mit einem Handkantenschlag die Waffe aus der Hand zu schlagen.

Ist Ihr Schlag genau und hart genug? Legen Sie eine Körperkraftprobe ab. Sie würfeln eine

1 – 3 → 218

4 – 6 → 236

202

Selten in Ihrem Leben haben Sie in einem Gesicht einen fassungsloseren Ausdruck registriert. Vier-Finger-Butch quellen fast die Augen aus dem Kopf, seine Lippen beben, die Nasenflügel weiten sich.
»Du ... du ... hier?« stammelt er.
Sie bohren ihm die Pistole in den Bauch. »Da staunst du, was?« geben Sie zurück. »Aber es heißt nicht umsonst: Totgesagte leben länger.«
Dann veranlassen Sie ihn kraft Ihrer Pistole, in die Diele zu treten, schließen die Wohnungstür und dirigieren Butch in die Küche.
Von den Männern im Spielzimmer ist keine Störung zu erwarten – die Jungs wissen ja, daß Sie mit dem Vierfingrigen etwas zu besprechen hatten. Und genau das werden Sie jetzt mit allem Nachdruck tun.

217 ←

203

Diese Kabine ist verschlossen, was jedoch für Ihren Dietrich kein Problem ist. Sie treten hinein, machen Licht und sehen sie.

Auch sie hat geschlafen und versucht gerade, wach zu werden. Sie ist nicht gefesselt, aber ein Blick in ihr völlig verängstigtes Gesicht läßt erkennen, daß dies auch nicht erforderlich gewesen wäre. Sie hätte niemals gewagt, einen Fluchtversuch zu unternehmen. Wenn Sie von der Verschüchterung einmal absehen, haben Sie ein unerhört hübsches Mädchen vor sich. Die langen blonden Haare, das ebenmäßig geformte Gesicht, die Figur, die selbst in den ziemlich ramponierten Straßenkleidern wirkungsvoll zur Geltung kommt . . .

Sie rufen sich mit einem Räuspern selbst zur Ordnung und verbannen den in dieser Situation nun wirklich nicht angebrachten Boy-Meets-Girl-Ausdruck aus Ihren Zügen. Statt dessen schalten Sie auf edlen Retter und Kavalier der alten Schule: »Wenn ich dann bitten dürfte, Miss Morelli . . .«

→ 220

204

Es wird ein langer, ein sehr langer Schlaf für Sie – ein Schlaf, aus dem Sie nie wieder erwachen. Jack Diamond kommt nämlich noch einmal zurück und . . . meuchelt Sie. Warum eigentlich? würden Sie sich wohl fragen, wenn Sie noch am Leben wären. Aber das sind Sie ja nun nicht mehr . . .

205

Diese Karte könnte ein schwerer Schlag ins Kontor sein, vielleicht aber auch nicht.
Sie nehmen noch eine weitere Karte und würfeln

224 ← 1

233 ← 2

243 ← 3

254 ← 4

262 ← 5

273 ← 6

166 ← Keine neue Karte mehr – der Bankhalter ist an der Reihe

190 ← Sie haben mehr als 21 Augen und somit verloren

206

Eiskalt greifen Sie nach dem Telefonverzeichnis und schlagen den Buchstaben ›M‹ auf, wobei Sie den aufflackernden Protest der Sekretärin mit einem augenzwinkernden Lächeln ersticken. Gelegenheit, sich Notizen zu machen, bekommen Sie natürlich nicht. Sie müssen sich ganz auf Ihre rasche Auffassungsgabe und Ihr Gedächtnis verlassen.
Und das sehen sie:

Studieren Sie das folgende Bild 5 Sekunden – nicht länger!

→ 130

207

»Ja«, sagen Sie triumphierend, »ich habe Erkenntnisse gewonnen!« Dann berichten Sie von Ihrer Entdeckung und packen Mary-Joe Frazetta grob am Arm. »Los, Puppe«, zischen Sie das Girl an, »erzähl dem Onkel, was hier für ein böses Spiel gespielt wird.«
Das Mädchen schreit vor Schmerz auf und verpaßt Ihnen empört eine Ohrfeige, die sich gewaschen hat. Sie lassen Mary-Lou los, was Ihnen auch geraten sein soll. Sie haben nämlich nicht das geringste in der Hand, was Sie gegen sie vorbringen könnten. GOLDEN PARADISE ist weder eine Creme noch ein Puder noch sonstwas, womit junge Mädchen ihr Äußeres verschönern. Daher erscheint Ihr Verdacht geradezu absurd. Entschuldigen Sie sich bei dem Mädchen!

→ 248

208

Offenbar haben Sie vorher noch nie versucht, die Luft aus einem Reifen abzulassen. Einfach nur die Ventilkappe abzunehmen, reicht da nicht aus. Miller quittiert Ihre vergeblichen Bemühungen dann auch mit einem amüsierten Auflachen.
»Sparen Sie sich die Mühe«, sagt er. »Oder wollen Sie, daß ich Ihnen an *Ihrem* Wagen mal richtig zeige, wie man das macht?«
Diese unterschwellige Drohung gibt Ihnen zu denken. Und Sie denken noch weiter. Miller ist offenbar ein Mann, hinter dem mehr steckt, als es den Anschein hat. Wäre es nicht vielleicht doch von Vorteil, ihn als
268 ← Helfer an der Seite zu haben?

209

237 ← Aufgeben? Nie und nimmer – Sie halten durch, auch wenn Sie dabei erfrieren!

210

Wenn Miller nicht Ihr Mitarbeiter ist, dann kann der Buick, der da gerade langsam am ›Star‹ vorbeifuhr und dann um die nächste Ecke bog, nicht dem Lehrer aus Gloria Morellis Schule gehören. Oder vielleicht doch? Wissen Sie, ob Miller einen Buick fährt?

Sie haben keine Ahnung, ob Miller einen Buick oder einen Cadillac fährt → 229

Ja, Sie wissen, daß er einen Buick fährt → 251

211

Ihre Erkenntnis, daß Luke Morelli Sie mit der Suche nach seiner Tochter beauftragt hat, obwohl er offenkundig selbst an ihrer Entführung beteiligt war, ist natürlich ein dicker Hund. Eigentlich sollten Sie die Finger von der ganzen Sache lassen – wenn da nicht Ihr detektivischer Ehrgeiz wäre! Und deshalb muß das Gespräch mit Morelli sein. Sie wollen ganz einfach herausfinden, was hier eigentlich gespielt wird.
Wissen Sie, wo Ihr Auftraggeber wohnt?

Ja → 348

Nein → 230

212

Trotz Ihres knurrenden Magens kümmern Sie sich unverzüglich um den abtrünnigen Lehrer – entweder man hat Pflichtgefühl, oder man hat es nicht.

Die Pension ›Chez Louise‹ ist Ihnen unbekannt, aber es gibt ja schließlich Telefonbücher. Sie haben wenig Mühe festzustellen, daß die Herberge in der Dearborn Street liegt.

Als Sie ›Chez Louise‹ erreichen, entpuppt sich die Pension als ›gutbürgerlich‹ – nichts für gehobene Ansprüche, aber beileibe auch keine Absteige. Ihre Frage nach Frank Miller erbringt jedoch ein überraschendes Ergebnis. Die matronenhafte Pensionswirtin sagt Ihnen, daß ein Mann dieses Namens nicht bei ihr wohnt.

Hat Miller einen falschen Namen angegeben? Sie beschreiben ihn, aber auch das führt zu nichts. Jemand, auf den diese Beschreibung passen würde, ist hier nicht abgestiegen, erklärt die Matrone.

Hm! Wie es aussieht, sind Sie belogen worden. Fragt sich nur, ob von der Pensionswirtin oder von dem pummeligen Mädchen im Speak. Nun ist Ihr ›sechster Sinn‹ gefragt.

Sie legen eine entsprechende Probe ab und würfeln

231 ← 1 – 2

252 ← 3 – 6

213

Ja, Ihnen wird immer klarer, daß an der Sache einiges faul ist. Die verstohlenen Blicke, die Luke Morelli und Jack Diamond tauschen, sprechen für sich. Wollen Sie sich dennoch auf die Suche nach Gloria Morelli machen?

Ja → 226

Nein → 122

214

Nicht unbedingt die Karte, von der Blackjack-Spieler in dieser Situation träumen, oder?
Sie nehmen noch eine weitere Karte und würfeln

224 ← 1

233 ← 2

243 ← 3

254 ← 4

262 ← 5

273 ← 6

166 ← Keine neue Karte mehr – der Bankhalter ist an der Reihe

190 ← Sie haben mehr als 21 Augen und somit verloren

215

Erleichtert stellen Sie fest, daß das Eis in Rizzos Augen ein bißchen zu schmelzen scheint. Ihre Offenheit hat ihm wohl gefallen. Und vielleicht hat er auch Verständnis dafür, daß sein Konkurrent Morelli einen Privatdetektiv engagiert, um seine entführte Tochter zurückzubekommen.
Der Gangsterboß überlegt kurz, nickt langsam und sagt dann: »Okay, Buddy, ich will dir glauben, was du sagst. Aber da wäre noch etwas, was mich interessiert. Es gibt Gerüchte über einen Mordanschlag auf Luke Morelli. Was weißt du davon?«

Sie wissen nichts von einem Anschlag auf Morelli → 302

Sie sind über den Anschlag im Bilde → 239

216

Sie wollen dem Kartengeber an den Kragen. Das jedoch ist, mit Verlaub gesagt, ein bißchen kühn. Haben Sie vergessen, in welchem Milieu Sie sich hier befinden?

Milieu hin, Milieu her – Sie wollen Gerechtigkeit! → 232

Sie zügeln Ihren Zorn und beschränken sich auf verbale Proteste → 253

217

Wie die meisten Killer ist Vier-Finger-Butch im Grunde seines Charakters ein ausgesprochener Feigling. Selbst jederzeit zum Töten bereit, trauen Sie auch allen anderen hemmungslose Mordbereitschaft zu. Sie brauchen dem Kerl nur anzudrohen, daß Sie ihm das Gehirn aus dem Schädel pusten werden, wenn er Ihnen nicht alles sagt, was Sie wissen wollen, um ihn in einen menschlichen Wasserfall zu verwandeln, aus dem es nur so hervorsprudelt . . .

238 ←

218

Ihrer Attacke mangelt es an der erforderlichen Durchschlagskraft. Zwar treffen Sie mit Ihrem Hieb den Unterarm des Pistolenschwingers, aber die Waffe entgleitet der Hand des Kerls nicht. Er macht einen Ausfallschritt nach hinten und feuert sofort. Sie werden mitten ins Herz getroffen und sind auf der Stelle tot.
Aus und vorbei . . .

219

Sie bleiben äußerlich ganz ruhig, aber in Ihrem Innersten tobt ein Vulkan. Ihre Gedanken jagen sich, suchen fieberhaft nach einer Lösung.
Und dann fällt Ihnen etwas ein. Sie sagen Morelli, daß Ihre angebliche Vertrauensperson nicht nur die Polizei, sondern noch jemand anders benachrichtigen wird, nämlich

Frank Miller → 245

Jack Diamond → 263

Johnny Rizzo → 281

220

Ein paar Minuten später sitzen Sie mit Gloria Morelli in Ihrem Chevy und befinden sich auf der Rückfahrt zur City. → 242

221

Dunkelheit hat sich über Chicago gesenkt, es ist acht Uhr durch. Sie haben noch eine kräftigende Abendmahlzeit zu sich genommen und fühlen sich in Bombenform. Voller Tatendrang verlassen Sie Ihr Wohnbüro und steigen in Ihren Chevy. → 240

222

Am nächsten Morgen fahren Sie und Gloria gemeinsam zu Rechtsanwalt Foxstone. Frank Millers letzte Worte und die Notiz auf dem Liebesbrief – darüber haben Sie Gloria natürlich ebenfalls unterichtet – lassen den Besuch bei Luke Morellis Vertrauensmann sehr ratsam erscheinen.

Foxstone, ein seriös wirkender Mann mit silbergrauem Haar, empfängt Sie in seinem pompösen Büro im Loop, dem Wolkenkratzerviertel Chicagos. Er ist über den Tod seines Mandanten bereits im Bilde und spricht Gloria sein Beileid aus. Offenbar weiß er nicht, daß das Mädchen gar nicht die richtige Tochter Morellis ist.

»Ich kann mir schon denken, warum Sie gekommen sind«, sagt er. »Mit dem Tod Ihres Vaters, wird sein Testament rechtskräftig. Wenn Sie mir das Codewort sagen würden . . .«

»Morgenröte«, sagen Sie und Gloria wie aus einem Munde. Foxstone nickt, geht zu einem Tresor und öffnet ihn . . .

168 ←

223

Nein, diese Spekulation ist wirklich zu verrückt. Trotzdem, sie will Ihnen einfach nicht aus dem Kopf.
Bringen Sie genug Geduld auf, alles noch einmal richtig zu durchdenken?
Legen Sie eine Ausdauerprobe ab. Sie würfeln eine

1 – 3 → 241

4 – 6 → 260

224

Der Krug geht so lange zum Brunnen, bis er hineinfällt: Trifft dieser sinnige Spruch jetzt auf Sie zu?
Sie nehmen noch eine weitere Karte und würfeln

282 ← 1

293 ← 2

303 ← 3

314 ← 4

324 ← 5

334 ← 6

166 ← Sie haben endlich genug und lassen nun den Bankhalter seine Karten ziehen

190 ← Sie haben mehr als 21 Augen und somit verloren

225

Ob die Blackjack-Runde fröhlich war, können sie selbst am besten beurteilen. In jedem Fall aber war sie feucht. So bleibt zu hoffen, daß Sie noch wissen, wo Sie sich eigentlich befinden, nämlich

im ›Charly's‹ ⟶ 234

bei Chuck Potter ⟶ 96

im ›Ace of Spades‹ ⟶ 197

226

Luke Morelli nimmt Ihre Bereitschaft, seine Tochter suchen zu wollen, mit Befriedigung zur Kenntnis. Auch Jack Diamond freut sich und nimmt zur Feier des Augenblicks eine kräftige Prise aus seiner Schnupftabaksdose.
Morelli greift in die Innentasche seines Jacketts und holt eine Fotografie hervor.
»Das ist Gloria«, sagt er und legt das Foto vor Ihnen auf den Tisch. Wie steht es mit Ihrem Beobachtungsvermögen?
Legen Sie eine entsprechende Würfelprobe ab. Sie erzielen ein Ergebnis von

1 – 2 ⟶ 194

3 – 4 ⟶ 283

5 – 6 ⟶ 259

227

276 ←

228

Es ist später Nachmittag, als Sie wieder in der City eintreffen. Sie verspüren zwar langsam ein bohrendes Hungergefühl, halten es aber doch für angebracht, vorher das Gespräch zu führen, das jetzt erste Priorität genießt. Wen haben Sie als Verdächtigen im Entführungsfall Gloria Morelli notiert?

Rechtsanwalt Foxstone → 22

Luke Morelli → 211

Jack Diamond → 567

Keine dieser Personen → 249

229

Ohne einen weiteren Gedanken an den gerade vorbeigefahrenen Buick zu verschwenden, betreten Sie das ›Star‹.
Der Laden ist nicht so schäbig, wie Sie ihn in Erinnerung haben. Man scheint einiges investiert zu haben, um das Interieur aufzupolieren. Vielleicht sind die Änderungen vorgenommen worden, um Luke Morelli den richtigen Rahmen zu bieten.
Ihnen ist bekannt, welchen ›beruflichen‹ Hintergrund Ihr Auftraggeber hat?

Ja → 193

Nein → 173

230

Eigentlich sollten Sie die Adresse Morellis ja kennen. Aber was nicht ist, kann ja noch werden. Rufen Sie den Rechtsanwalt Foxstone an. Vielleicht verrät Ihnen der Kontaktmann Ihres Auftraggebers, wo Sie
250 ← Morelli finden können.

231

Sie kommen zu der Überzeugung, daß Sie das Mädchen im Speak verkohlt hat. Wahrscheinlich wollte sich der Pummel nur interessant machen.

Na, dann eben nicht, denken Sie, und gehen wieder. Auf dem Weg zum Wagen knurrt Ihr Magen so laut, daß es Ihnen bei-
9 ← nahe peinlich ist.

232

Gerechtigkeit wird Ihnen zuteil – Gerechtigkeit, wie Sie von Spitzbuben empfunden wird. Die anderen beiden Typen am Kartentisch solidarisieren sich nämlich mit dem Falschspieler. Zu dritt fallen sie über Sie her und mischen Sie ganz schön auf. Dann werden Sie durch eine Hintertür auf die Straße befördert, wo Sie sich auf allen
272 ← vieren wiederfinden.

233

Sie wissen, daß es beim Blackjack nicht darum geht, möglichst viele Karten in der Hand zu halten? Nur so eine Frage . . .
Sie nehmen noch eine Karte und würfeln

1 → 282

2 → 293

3 → 303

4 → 314

5 → 324

6 → 334

Sie haben endlich genug und lassen nun den Bankhalter seine Karten ziehen → 166

Sie haben mehr als 21 Augen und somit verloren → 190

234

Vielleicht nicht der schlechteste Gedanke, jetzt aufzuhören. Morgen liegt schließlich ein schwerer Tag vor Ihnen. So gehen Sie – ein bißchen schwankend – nach Hause, legen sich ins Bett und sammeln frische Kräfte für die schwierige Aufgabe, die auf Sie wartet.

651 ⟵

235

So sachlich, wie es die Art eines guten Kriminalisten ist, setzen Sie die drei von Ihrer Entdeckung in Kenntnis, lassen jedoch nicht anklingen, daß Sie schon jemanden verdächtigen. Die Nachricht, daß Gloria entführt wurde, schlägt natürlich wie eine Bombe ein, besonders bei Miller, der es gar nicht fassen kann.

Für Sie gibt es hier in der Schule jetzt nichts mehr zu tun. Daher verabschieden Sie sich von den beiden Männern und der ganz verstörten Mary-Lou und gehen zu Ihrem Wagen, um nach Chicago zurückzufahren.

287 ⟵

236

Ihr Handkantenschlag kommt mit der Präzision und der Durchschlagskraft eines Schwertstreichs, trifft den Unterarm des Pistolenschwingers. Die Waffe wird ihm aus der Hand geprellt, segelt durch die Luft und schlüpft wie von selbst in Ihre Rechte. Und nun sind Sie derjenige, der die Situation beherrscht.
»Wollen wir doch mal sehen, wer hier die Flossen hochnimmt«, sagen Sie mit sattem Triumph in der Stimme.
Der Erfolg Ihres Kommandos zeigt sich unverzüglich . . .

→ 227

237

Der Mensch gewöhnt sich an alles, auch an eisige Kälte. Bald nehmen Sie den Frost, der Ihren Körper durchströmt, als etwas ganz Selbstverständliches hin. Um nicht wirklich zu erstarren, beginnen Sie mit dem Schwimmen bereits, als Sie noch festen Boden unter den Füßen haben.
Die Bewegung tut Ihnen gut. Sie finden es am bequemsten, sich auf den Rücken zu legen und sich mit leichtem Paddeln an der Oberfläche zu halten. Diese Stellung hat auch noch einen zusätzlichen Vorteil: Im Licht der Glühbirne an der Decke sehen Sie, wie das Fenster ganz allmählich näherkommt.

→ 255

238

Ja, es stimmt, Rizzo hat Gloria Morelli mit Unterstützung Jack Diamonds in seine Gewalt gebracht. Der Grund für diese Aktion stellt sich allerdings etwas anders dar, als Sie bisher glaubten. Bei dem Streit zwischen Rizzo und Morelli geht es weniger um die Nachfolgeschaft Al Capones. Vielmehr hat Morelli aus dem Gemeinschaftsvermögen der Gang eine runde Million Dollar für sich beiseitegeschafft, die Rizzo verständlicherweise wiederhaben will. Und wenn Morelli das Geld nicht rausrückt . . . Nun, Rizzo wird nicht zögern, Gloria Morelli nach Ablauf einer achtundvierzigstündigen Fristsetzung tatsächlich umbringen zu lassen – glaubt Vier-Finger-Butch jedenfalls.

Dazu jedoch werden Sie es nicht kommen lassen, weil Sie beabsichtigen, das Mädchen – was kann das arme Kind für einen schurkischen Vater? – vorher zu befreien. Wo Gloria versteckt gehalten wird, verrät Ihnen der Vierfingrige natürlich auch: auf einem Hausboot in Lincolnwood, das den Namen ›Angelina‹ trägt.

257 ←

239

Und gleich noch eine Frage: Welchen Ausgang hat der Mordanschlag genommen?

Morelli hat den Tod gefunden → 256

Morelli ist mit dem Leben davongekommen → 315

240

Lincolnwood liegt nördlich von der City, unmittelbar am Michigansee. Auf den Straßen ist nicht mehr viel los, so daß Sie schnell vorankommen. Gegen neun treffen Sie am Zielort ein. Und wenig später parken Sie Ihren Wagen im sogenannten ›Yachthafen‹. Diese Bezeichnung ist rein euphemistischer Natur. Sicher, es liegen diverse Segel- und Motorboote vor Anker, aber nicht ein einziges davon kann wirklich den Namen ›Yacht‹ für sich in Anspruch nehmen. Und dann sind da auch noch ein paar Hausboote. Eins davon müßte die ›Angelina‹ sein. → 258

241

Schluß jetzt mit den Spinnereien, sagen Sie sich und versuchen mit aller Macht, endlich einzuschlafen.
204 ← Und das gelingt Ihnen schließlich auch.

242

Gloria Morelli braucht ein Weilchen, um richtig zu erfassen, daß sie wirklich wieder ein freier Mensch ist. Die vergangenen Tage waren fürchterlich für sie, und so ist es wirklich kein Wunder, daß sie ziemlich verstört ist. Mit Fortdauer der Fahrt findet sie jedoch allmählich wieder zu sich selbst. Und nun ist sie auch in der Lage, Ihnen ihre große Dankbarkeit für die Rettung zu bekunden.
Bescheiden wehren Sie die Dankesbekundungen des Mädchens ab. Sie haben
261 ← schließlich nur Ihre Pflicht getan.

243

Das ist Ihre fünfte Karte. Nur zu Ihrer Information: Hier wird nicht gepokert, sondern Blackjack gespielt.
Sie nehmen dennoch eine weitere Karte und würfeln

1 → 282

2 → 293

3 → 303

4 → 314

5 → 324

6 → 334

Sie haben endlich genug und lassen nun den Bankhalter seine Karten ziehen → 166

Sie haben mehr als 21 Augen und somit verloren → 190

244

Foxstone macht eine einladende Handbewegung. »Bitte sehr, Sie haben die freie Auswahl!«
Gloria blickt Sie fragend an, will von Ihnen wissen, für was sie sich entscheiden soll. Sie empfehlen ihr

264 ← den Schmuck

284 ← das Dollarbündel

306 ← die Akte

360 ← den Schlüssel

313 ← die Schatulle

245

Wieder lacht Morelli auf. »Frank Miller? Warum nicht Bill Smith oder Tom Jones?«
Ihnen wird klar, daß er Sie für einen Bluffer hält. Wahrscheinlich kennt er den Lehrer seiner Tochter gar nicht.
185 ← Jetzt wird es ernst . . .

246

21 Augen – dieses Ergebnis nennt man beim Blackjack einen ›Natural‹. Und wenn der Bankhalter seinen Natural hat, dann gewinnt er in jedem Fall. Doppelt sogar, es sei denn, der Gegner hat ebenfalls einen Natural.

Ja, Sie haben gleichfalls 21 Augen → 683

Leider haben Sie weniger als 21 Augen → 323

247

Sie bedanken sich bei der Sekretärin und versprechen ihr, daß Sie sie demnächst ganz groß zum Abendessen ausführen werden. Dann verabschieden Sie sich mit einem galanten Handkuß und verlassen das Büro Foxstones.

Unten auf der Straße haben Sie dann endlich Zeit, sich Morellis Nummer aufzuschreiben. Hoffentlich wissen Sie sie noch . . .

Notieren Sie die Nummer aus dem Gedächtnis auf einem Zettel.

→ 266

248

Wenn sich die Sache mit Ihrem Verdacht auch als Windei entpuppt hat, so besteht doch an der Tatsache der Entführung Gloria Morellis kein Zweifel. Hier in der Schule gibt es jetzt für Sie nichts mehr zu tun. Deshalb verabschieden Sie sich von den beiden Männern und der verstörten Mary-Lou und gehen zu Ihrem Wagen, um nach Chicago zurückzukehren.

287 ←

249

Wen auch immer Sie notiert haben – wenn das überhaupt der Fall war –, er kommt als Verdächtiger nicht ernsthaft in Frage. Sie wissen zwar, daß Gloria Morelli entführt wurde, tappen aber in bezug auf die Hintergründe noch völlig im dunkeln. Und das müssen Sie dem Vater des Mädchens jetzt berichten. Sie wissen, wo Luke Morelli wohnt?

585 ← Nein

192 ← Ja

250

Foxstone gibt Ihnen überraschend bereitwillig Luke Morellis Adresse: Hotel ›Star‹. Sie kennen das ›Star‹, eine nicht gerade gut beleumundete Absteige im Hafenviertel, und wundern sich ein bißchen, daß ein wohlsituierter Mann wie Morelli in einem derartig schäbigen Domizil wohnt.
Arbeiten Sie noch allein oder haben Sie den Lehrer Miller als Mitarbeiter verpflichtet?

Miller ist Ihr Mitarbeiter → 271

Miller ist nicht Ihr Mitarbeiter → 310

251

Der Buick, der da gerade vorbeifuhr, irritiert Sie etwas. Sie denken zurück an die Begegnung mit Frank Miller auf dem Motelparkplatz.

Sie sind sich ganz sicher, daß sie den Lehrer abgeschüttelt haben → 568

Sie hoffen nur, daß Sie ihn abgeschüttelt haben → 269

252

Ihr Instinkt sagt Ihnen, daß die Pensionswirtin lügt. Wahrscheinlich hat ihr Miller Geld dafür gegeben, daß sie seine Anwesenheit geheim hält. Aber nicht mit Ihnen! Sie wenden sich zum Gehen, verlassen das Haus jedoch nicht, sondern huschen, von der Matrone unbemerkt, die Treppe zum ersten Stock hinauf. Und dort sehen Sie
299 ← sich dieser Situation gegenüber . . .

253

Ihre Selbstkontrolle zahlt sich aus. Nicht, daß Sie mit Ihrem Protest irgendwas erreichen. Die beiden anderen Typen am Kartentisch solidarisieren sich nämlich mit dem Falschspieler, stempeln den Kerl zum Ehrenmann und bescheinigen Ihnen eine blühende Phantasie, gepaart mit Verfolgungswahn. Immerhin können Sie verhindern, daß die drei auch noch handgreiflich werden.

An Weiterspielen ist unter diesen Umständen natürlich nicht zu denken. So verlassen Sie das ›Ace of Spades‹, um eine Erfahrung, aber nicht um nähere Informationen über Johnny Rizzo reicher. Leicht verbiestert machen Sie sich auf den Weg zur Villa
312 ← des Gangsterbosses.

254

Mit fünf Karten ist man beim Blackjack normalerweise ein toter Mann. Sie jetzt auch?
Sie nehmen noch eine weitere Karte und würfeln

1 → 282

2 → 293

3 → 303

4 → 314

5 → 324

6 → 334

Sie haben endlich genug und lassen nun den Bankhalter seine Karten ziehen → 166

Sie haben mehr als 21 Augen und somit verloren → 190

255

Und schließlich ist der große Augenblick da: Sie können nach dem Fenstersims greifen! Ihr Körper ist durch die nasse Kälte zwar ziemlich geschwächt, aber Sie bringen durchaus noch die Kraft auf, sich hochzuziehen.
Wie schon von unten erkannt, hat das Fenster kein Gitter, sondern nur eine dünne Glasscheibe. Diese mit der flachen Hand einzudrücken, bereitet Ihnen kaum Mühe – Sie schneiden sich nicht einmal. Und Ihre leisen Befürchtungen, daß die Fensteröffnung vielleicht zu schmal für Sie sein könnte, erfüllen sich zum Glück nicht. Zusammengekrümmt wie ein Schlangenmensch aus der Jahrmarktbude gelingt es
274 ← Ihnen, sich hindurchzuwängen.

256

Wahrheitsgemäß berichten Sie von der Ermordung Ihres Auftraggebers. Der Gangsterboß ist sichtlich überrascht – ganz offenbar steckt er selbst nicht hinter dem Anschlag. Dann versinkt er sekundenlang in Gedanken. Sie haben so eine Ahnung, daß es bei diesen Gedanken nicht zuletzt auch um Ihr weiteres Schicksal
275 ← geht.

257

Mit einer raffinierten Drohung stellen Sie sicher, daß Butch gar nicht erst auf den Gedanken kommt, Sicherheitsvorkehrungen für Gloria zu treffen.
»Wenn du das tust, Buddy«, versprechen Sie ihm, »dann sage ich Johnny Rizzo, wer das Versteck des Mädchens verzinkt hat, kapiert?«
Und ob der Vierfingrige kapiert hat. Wenn der Boß von seinem Verrat erfährt, dann ist er geliefert. Er wird also schweigen wie ein Grab.
»Okay«, sagen Sie schließlich großmütig, »ich will dir den Abend nicht ganz versauen. Du kannst reingehen zu den Jungs und Blackjack spielen.«
Fast dankbar verzieht sich der Mobster ins Spielzimmer. Und auch Sie rücken ab. Auf der Fahrt zu Ihrer Wohnung pfeifen Sie ein etwas dissonantes Liedchen vor sich hin. Sie sind voll und ganz mit sich zufrieden.

→ 159

258

Sie brauchen nicht lange, um die ›Angelina‹ zu lokalisieren. Sie liegt an einem Kai, welcher sich ein ganzes Stück abseits von den anderen Anlegestellen befindet. Aus gutem Grunde wohl – etwaige Hilfeschreie Gloria Morellis würden vermutlich ungehört verhallen. Im Sichtschutz eines abgewrackten kleinen Kahns beobachten Sie das Hausboot aufmerksam.

→ 277

259

320 ←

260

Abenteuerlich hin, verrückt her – Ihr detektivischer Spürsinn ist schon oft zum Vater des Erfolgs geworden, wenn Logik und gesunder Menschenverstand nicht weiterhelfen konnten. Sie werden dieser Spekulation nachgehen und sich Gewißheit verschaffen, gleich am frühen Morgen. Ins Bett gehen Sie in dieser Nacht nicht mehr. Nicht allein wegen des Tohuwabohus in Ihrem Kopf. Wäre ja durchaus möglich, daß Jack Diamond noch einmal wiederkommt, um im zweiten Anlauf zu vollenden, was er beim ersten versäumt hat. → 280

261

Inzwischen sind Sie in Chicago angekommen. Es ist weit nach Mitternacht, und so erhebt sich natürlich die Frage, was jetzt mit Gloria Morelli geschehen soll.

Luke Morelli lebt noch → 278

Morelli ist tot → 476

262

Fünf Karten in der Hand und immer noch nicht weise?
Sie wissen verdammt genau, was Sie tun, nehmen eine weitere Karte und würfeln

282 ← 1

293 ← 2

303 ← 3

314 ← 4

324 ← 5

334 ← 6

166 ← Sie haben endlich genug und lassen nun den Bankhalter seine Karten ziehen

190 ← Sie haben mehr als 21 Augen und somit verloren

263

Wieder lacht Morelli auf. »Jack? Jack ist mein engster Vertrauter. Er würde niemals irgendwelche Informationen gegen mich verwenden. Auch keine Informationen über meine Tochter!«
Sie begreifen, daß Sie ihn nicht bluffen können. Jetzt wird es ernst . . .

→ 185

264

Mit glänzenden Augen – Frauen sind doch alle gleich – greift Gloria nach dem Schmuck, bewundert ihn mit entzückten Ausrufen und steckt ihn schließlich in ihre Handtasche.
Foxstone zeigt sich einigermaßen verwundert. »Ich hatte gedacht, daß Sie eine andere Wahl treffen würden«, sagte er. »Aber bitte sehr, ganz wie Sie meinen.«
Dann läßt er Sie wissen, daß er gleich einen Gerichtstermin hat, und verabschiedet sich von Ihnen. Mit dem dummen Gefühl, irgendwie einen Fehler gemacht zu haben, verlassen Sie und Gloria sein Büro.

→ 341

265

High Noon – der Augenblick der Abrechnung ist gekommen. Wer hat die höhere Augenzahl – Sie oder der Bankhalter?

461 <— Sie

481 <— Der Bankhalter

516 <— Die Augenzahl ist gleich

266

Sie suchen die nächste Telefonzelle auf, um einen Testanruf zu tätigen. Die Nummer, unter der Morelli zu erreichen ist, lautet: 333456. Stimmt sie mit der Notiz auf Ihrem Zettel überein?

308 <— Ja

285 <— Nein

267

Wenn Sie auch noch keine Ahnung haben, wer dahintersteckt, so besteht doch an der Tatsache, daß Gloria Morelli entführt wurde, kein Zweifel.
Ihre Nachricht schlägt bei Regan, Miller und Mary-Lou wie eine Bombe ein, besonders bei Miller, der es gar nicht fassen kann. Hier in der Schule gibt es jetzt für Sie wohl nichts mehr zu tun. Deshalb verabschieden Sie sich von den beiden Männern und dem Mädchen und gehen zu Ihrem Wagen, um nach Chicago zurückzukehren.

→ 287

268

Ja, warum eigentlich nicht? Ein Gehilfe kann doch ganz nützlich sein – noch dazu, wenn er nichts kostet. Und wenn er sich immer an Ihre Anweisungen hält . . .
Sie sagen Miller, daß Sie nun doch bereit sind, sich von ihm helfen zu lassen. Allerdings unter der ausdrücklichen Bedingung, daß Sie der Boß sind.
Angesichts der Blamage, die Sie gerade erlitten haben, wirkt Ihr Bestehen auf der Befehlsgewalt zwar ein bißchen zweifelhaft, aber Miller erklärt sich dennoch einverstanden. Sie und der Lehrer besiegeln Ihre Partnerschaft mit einem Händedruck. Dann fahren Sie gemeinsam in Richtung Chicago, Sie vornweg, er in seinem eigenen Wagen hinterher.

→ 228

269

Sollte es Miller doch geschafft haben, sich wieder an Ihre Hinterreifen zu heften? Es gibt zwar viele Buicks, aber irgendwie kam Ihnen dieser da gerade bekannt vor.
Bevor Sie das Hotel ›Star‹ betreten, gehen Sie bis zu der Ecke, um die der Buick vor wenigen Augenblicken gebogen ist, und blicken die Seitenstraße hinunter. Diese ist nur kurz und leicht überschaubar. Nirgends parkt ein Buick. Das einzige Auto weit und breit ist ein großer schwarzer Leichenwagen. Beruhigt kehren Sie zum
229 ← Hotel zurück.

270

Sie sind ziemlich sicher, daß Frank Miller in einem dieser Zimmer zu finden ist, und zwar in dem

311 ← vorne links

331 ← hinten links

350 ← vorne rechts

369 ← hinten rechts

271

Sie halten es nicht für gut, wenn Miller bei Ihrem Gespräch mit Morelli dabei ist. Deshalb lassen Sie ihn in einem Speak gegenüber dem Hotel warten und betreten das ›Star‹ allein.

→ 290

272

Mit dem Gefühl, daß jeder einzelne Knochen in Ihrem Körper gebrochen ist, rappeln Sie sich auf. Ganz so schlimm ist es zwar nicht, aber Sie sind doch so angeschlagen, daß Sie Stunden brauchen werden, um die Nachwirkungen der Prügel zu überwinden.

Senken Sie Ihr Körperkraftniveau um 1 Stufe.

Aber Sie sind bekanntlich ein harter Bursche. Deshalb werden Sie jetzt zu Johnny Rizzos Villa fahren, auch wenn Sie natürlich von Ihren Kartenpartnern nicht das geringste über die Machenschaften des Gangsterbosses erfahren haben.

→ 312

273

Wer sich selbst eine Grube gräbt, der fällt hinein?
Sie liegen noch längst nicht in der Grube, nehmen eine weitere Karte und würfeln

282 ← 1

293 ← 2

303 ← 3

314 ← 4

324 ← 5

334 ← 6

166 ← Sie haben endlich genug und lassen nun den Bankhalter seine Karten ziehen

190 ← Sie haben mehr als 21 Augen und somit verloren

274

Ein herrliches Gefühl, wieder frei zu sein, nicht wahr? Fast beglückt atmen Sie die frische Nachtluft ein und machen diverse gymnastische Übungen, um Ihre fast erstarrten Glieder mit neuem Leben zu erfüllen und die Nässe aus den Kleidern zu schütteln. Erst dann beginnen Sie, sich für Ihre Umgebung zu interessieren. → 292

275

Stimmt, Johnny Rizzo hat über Ihr weiteres Schicksal nachgedacht. Zum Glück zeigt sein richtender Daumen nicht nach unten, sondern nach oben.

»Du kannst gehen, Buddy«, sagt er. »Aber wenn du dich auch nur noch ein einziges Mal in meine Angelegenheiten einmischst, dann . . .«

Er braucht gar nicht weiterzureden, Sie haben schon verstanden.

Wenig später sitzen Sie wieder in Ihrem Chevy und fahren nach Hause. Ihr Entschluß ist gefaßt: Sie werden wirklich aus der Sache aussteigen, auch wenn es Sie wurmt, daß Sie den Fall nicht lösen konnten. Aber letzten Endes ist Ihnen Ihr Leben wichtiger als detektivischer Erfolg. Und falls Sie eine kleine Beruhigung Ihres leicht schlechten Gewissens nötig haben – Gloria Morelli wird die ganze Sache auch überleben . . .

276

Sie können bei den schlechten Sichtverhältnissen die Gesichter der beiden Kerle nicht erkennen, aber Sie zweifeln nicht im geringsten daran, daß Sie es mit zwei Leuten Johnny Rizzos zu tun haben. Wer sonst sollte mitten in der Nacht bei diesem Lagerhaus auftauchen?
»Okay«, sagen Sie kehlig, »wo ist Gloria Morelli – da drin?«
Die beiden Männer, etwa fünf Schritte von Ihnen entfernt stehend, fangen an, leise miteinander zu tuscheln.
»Lauter!« kommandieren Sie. »Ich will auch etwas hören!«
»Yeah«, erklärt der eine, »sie ist da drin.«
Der satte Triumph, den Sie empfinden, wird noch satter. »Dann mach auf«, befehlen Sie und unterstützen Ihre Forderung mit einer unmißverständlichen Pistolenbewegung. Und die Kerle gehorchen wie
296 ← folgsame Hündchen.

277

Auf der ›Angelina‹ brennt Licht. Und wenn Sie ganz genau hinsehen, können Sie hinter den Fenstervorhängen die schattenhaften Bewegungen menschlicher Gestalten erkennen, mehrerer Gestalten bedauerlicherweise. Ihre stille Hoffnung, daß sich Gloria Morelli ohne Bewacher an Bord befindet, erfüllt sich somit nicht. Trotzdem raunt Ihnen Ihre innere Stimme unablässig ›Action!‹ zu.

Sie hören auf die innere Stimme und schreiten sofort zur Befreiungstat —> 297

Sie warten noch ab und gehen sich erst mal einen trinken —> 321

278

Na, dann gibt es doch eigentlich gar kein Problem. Sie bringen Gloria Morelli zu ihrem Vater ins Hotel ›Star‹, und dann ist der ganze Fall für Sie erledigt, nicht wahr? Oder sagt Ihnen Ihr ›sechster Sinn‹ etwas anderes?
Legen Sie doch mal eine Probe ab. Dabei erzielen Sie ein Ergebnis von

1 bis 2 —> 298

3 bis 4 —> 377

5 bis 6 —> 339

279

Dann steht Ihnen auch noch eine sehr unangenehme Pflichtübung bevor: Morgen werden Sie Morelli sagen müssen, daß Sie praktisch keine neuen Ergebnisse vor-
35 ← weisen können.

280

Als erstes gehen Sie am Morgen auf einen kurzen Sprung bei Charly Puffin vorbei und fragen Gloria Morelli, ob sie irgendwelche Bilder von den Frazettas, ihren verunglückten Pflegeeltern, besitzt. Das Mädchen muß diese Frage verneinen. Kann sie sich wenigstens noch entsinnen, wann genau dieser Unfall war? Auch hier nur vage Erinnerungen. Aber immerhin – wo die Frazettas begraben sind, das weiß sie. Mühsam ernährt sich das Eichhörnchen, denken Sie und verabschieden sich von
301 ← ihr.

281

Volltreffer!

Die Erwähnung des Namens Rizzo trifft Morelli wie ein Keulenschlag. Jedwede Farbe weicht aus seinem Gesicht, die Hand, die die Pistole hält, beginnt zu zittern.

»Nein«, sagt er tonlos, »nicht Johnny Rizzo.«

»Doch«, geben Sie kalt wie eine Hundeschnauze zurück. »Wenn Sie mich umlegen, wird Rizzo erfahren, daß nicht Gloria, sondern Mary-Lou Ihre Tochter ist.« Sie machen eine kurze Pause und fügen dann hinzu: »Und er wird es auch erfahren, wenn Sie mir jetzt nicht reinen Wein einschenken. Tun Sie das allerdings, dann können Sie sicher sein, daß ich schweigen werde wie ein Grab!«

Morelli wirkt jetzt wie ein gebrochener Mann. Mit einer beinahe müden Bewegung steckt er seine Pistole weg. »Gut«, sagt er leise, »Sie sollen alles erfahren.«

Und dann erzählt er Ihnen eine Geschichte, die glatt aus einem Roman stammen könnte . . .

→ 338

282

Man glaubt's ja kaum, aber wahrscheinlich sind Sie selbst mit dieser sechsten Karte noch nicht tot, stimmt's? Sie nehmen sogar noch eine siebte Karte und würfeln

342 ← 1

352 ← 2

362 ← 3

370 ← 4

382 ← 5

391 ← 6

166 ← Sie sind mit dem, was Sie in der Hand haben, zufrieden und geben nun dem Bankhalter Gelegenheit, seine Karte zu ziehen

190 ← Sie haben mehr als 21 Augen und somit verloren

283

Süßer Käfer, was? Aber der Anblick eines hübschen Mädchens sollte Ihnen nicht die Augen vor anderen Dingen verschließen, die auch wichtig werden könnten. Sehen Sie doch noch mal genau hin.
Sie legen eine abermalige Beobachtungsprobe ab und würfeln eine

1 – 3 ⟶ 305

4 – 6 ⟶ 259

284

Gloria Morelli greift nach dem Geldbündel und gibt es dann zu treuen Händen gleich an Sie weiter – ihr Vertrauen zu Ihnen scheint grenzenlos zu sein. Sie lassen es sich nicht nehmen, gleich nachzuzählen – achttausendfünfhundert Dollar, nicht schlecht.
Foxstone zeigt sich allerdings einigermaßen verwundert. »Ich hätte gedacht, daß Sie eine andere Wahl treffen würden«, sagt er. »Aber bitte sehr, ganz wie Sie meinen.«
Dann läßt er Sie wissen, daß er gleich einen Gerichtstermin hat, und verabschiedet sich von Ihnen. Mit dem dumpfen Gefühl, irgendwie einen Fehler gemacht zu haben, verlassen Sie und Gloria sein Büro. ⟶ 341

285

Tja, unter der Nummer, die Sie da anrufen, meldet sich der Schlachthof von Chicago. Und einen Mann namens Lou Morelli kennt man dort nicht.

Sie sind also so klug wie zuvor und müssen sich nun auf die Suche nach der verschwundenen Gloria machen, ohne irgend etwas über die Identität Ihres Auftraggebers zu wissen.

Leicht frustriert fahren Sie nach Hause, um Vorbereitungen für den Besuch in der Pri-
520 ← vatschule des Mädchens zu treffen.

286

461 ← Dem haben Sie es aber gegeben, was? Und jetzt geht's ans Kassieren . . .

287

Bevor Sie in den Chevy steigen, lassen Sie Ihren Blick rein routinemäßig über die anderen auf dem Schulparkplatz stehenden Wagen schweifen.

Legen Sie zu diesem Zweck eine Probe Ihres Beobachtungsvermögens ab. Sie würfeln

326 ← 1 – 2

307 ← 3 – 4

347 ← 5 – 6

288

Schrittgeräusche werden in der Bar laut. Drehen Sie sich doch mal um, ganz langsam, wenn Ihnen Ihr Leben lieb ist . . .

→ 333

289

Es ist später Nachmittag, als Sie wieder in der City eintreffen. Sie verspüren zwar langsam ein bohrendes Hungergefühl, lassen Ihren Magen jedoch knurren. Zu sehr drängt es Sie danach, Luke Morelli von Ihrer erfolgreichen Tätigkeit zu berichten und ihm Frank Miller zu übergeben. Daß der Lehrer noch immer hinter Ihnen ist, beweist Ihnen jeder Blick in den Rückspiegel. Sie wissen, wo Morelli wohnt?

Ja → 329

Nein → 309

290

Ein kurzes Gespräch an der Rezeption, dann bekommen Sie Bescheid, daß Luke Morelli Sie in seinem Zimer erwartet.
Ihr Auftraggeber ist ganz begierig darauf, zu hören, was Sie in Erfahrung gebracht haben. Und Sie lassen ihn nicht lange zappeln. Knallhart konfrontieren Sie ihn mit Ihren Erkenntnissen.
Luke Morelli wird aschgrau im Gesicht – ein Mann, der sich entlarvt sieht! Das glauben Sie zumindest. Aber die Wahrheit sieht ganz anders aus – wie Sie gleich zu spüren bekommen sollen . . .

666 <—

291

Die Szene kennen Sie vielleicht aus dem Kino: Zwei Mann halten das Opfer an beiden Armen fest und der dritte schlägt brutal auf den Bedauernswerten ein. Der Bedauernswerte sind in diesem konkreten Fall natürlich Sie. Als die Burschen mit Ihnen fertig sind, nehmen Sie Ihnen auch noch alle Dollars ab, die Sie vielleicht noch in Ihrer Tasche hatten. Dann werden Sie durch die Hintertür auf die Straße befördert, wo Sie sich auf allen vieren wiederfinden.

Senken Sie Ihr Konto auf 0,00.

272 <—

292

Es war natürlich ein Kellerraum, aus dem sie gekrochen sind. Er gehört zum Hauptgebäude der Villa, nicht zu dem Anbau, der links davon liegt. Vor Ihnen erstreckt sich die weiträumige Fläche des Gartens, in friedliche Dunkelheit gehüllt.
Von Dunkelheit bei den Gebäudeteilen kann jedoch nicht die Rede sein – mehrere Fenster sind erleuchtet. Es ist demnach weniger Zeit vergangen, als Sie eigentlich angenommen haben. Nur der Hund scheint sich schlafen gelegt zu haben. Jedenfalls läßt er sich nirgendwo blicken. Ihnen ist das mehr als recht, denn jetzt, nach den Anstrengungen des eisigen Bades, eine neuerliche Begegnung mit dem Viech – das wäre wirklich zuviel.
So jedoch sind Sie bereit, sich endlich dem Zweck Ihres Besuchs bei Johnny Rizzo zuzuwenden: der Suche nach Gloria Morelli.

→ 330

293

Aus und vorbei – mehr als 21 Augen. Aber bei der sechsten Karte sollten Sie sich wirklich nicht wundern, daß Sie verloren
190 ← haben.

294

Falschspieler haben Sie gern – diesem Bastard werden Sie es zeigen! Die Blackjack-Runde findet statt

543 ← im ›Charly's‹

139 ← bei Chuck Potter

216 ← im ›Ace of Spades‹

295

Die Erkenntnis, keinerlei Fortschritte gemacht zu haben, bringt Sie zu dem Entschluß, den Sie bisher immer von sich geschoben haben: Sie werden aus der ganzen Sache aussteigen. Einen Auftraggeber haben Sie nicht mehr. Und was Morellis Tochter angeht . . . Well, Sie sind kein Kindermädchen.

→ 317

296

Einer der beiden Gangster hat einen Schlüsselbund hervorgeholt und öffnet zuerst das Vorhängeschloß, dann auch das eigentliche Schloß des Eisentors. Quietschend schwingt das Tor auf – der Weg zu Gloria Morelli ist frei.
Aber Sie sind ein bißchen zu begierig darauf, diesen Weg zu beschreiten, und werden unvorsichtig. Als Sie auf das etwa einen Meter weit offenstehende Tor zutreten, explodiert der zweite Mann plötzlich. Bevor Sie die Pistole richtig in Anschlag bringen können, gibt er Ihnen einen heftigen Stoß, der Sie unkontrolliert ins Innere des Hauses taumeln läßt. Und als Sie Ihre Balance wiederfinden, ist es bereits zu spät. Das Tor knallt zu, der Schlüssel dreht sich im Schloß. Sie sind gefangen . . .

→ 316

297

Sie lösen sich aus dem Schutz des Ruderbootwracks und schleichen geduckt auf die ›Angelina‹ zu. Aber Sie kommen nie an das Hausboot heran. Ganz plötzlich, wie aus dem Nichts geboren, taucht pötzlich vor Ihnen eine Gestalt auf. Trotz der Dunkelheit erkennen Sie den Mann sofort – Jack Diamond! Und Sie erkennen noch mehr, die Pistole in Diamonds Hand nämlich. Diese Waffe ist das letzte, was Sie in Ihrem Leben zu sehen bekommen. Sie blitzt mörderisch auf und tötet Sie auf der Stelle.
Vielleicht hätten Sie mit der ›Action‹ doch noch etwas warten sollen . . .

298

Ihr ›sechster Sinn‹ sagt gar nichts. Und damit ist alles klar. Sie fahren mit dem Mädchen zum ›Star‹ und melden sich an der Rezeption.

Morelli hat wohl auf Sie gewartet, denn trotz der vorgerückten Stunde ist er gleich zur Stelle. Sein Dank ist geradezu überschwenglich, drückt sich nicht zuletzt auch in einem Scheck über 2000 $ aus, den er Ihnen als Erfolgsprämie überreicht. Sie verabschieden sich von Vater und Tochter und gehen.

Notieren Sie die 2000 $ auf Ihrem Protokoll

Und Sie hätten wohl auch weiterhin das Gefühl gehabt, daß alles in Butter ist, wenn Ihnen beim Verlassen des Hotels nicht ein Mann entgegengekommen wäre, den Sie hier in der Nähe Morellis nun wahrscheinlich nicht erwarten konnten: Jack Diamond!

Jetzt meldet sich Ihr ›sechster Sinn‹, allerdings zu spät.

→ 319

299

270 ←

300

Ihre Nerven halten der Belastungsprobe stand, hindern Sie nicht daran, konzentriert nachzudenken. Und schon haben Sie eine Idee:
»Na schön«, sagen Sie, »die Polizei hält sich also draus. Aber meine Vertrauensperson wird im Falle meines Todes noch jemanden informieren – Johnny Rizzo!«

→ 281

301

Das Grab der Frazettas befindet sich auf dem Northern Cemetery. Sie haben einige Mühe, es nach Gloria Morellis Beschreibung zu lokalisieren, finden die letzte Ruhestätte ihrer Pflegeeltern dann aber doch . . .

→ 365

302

Wahrheitsgemäß berichten Sie Rizzo, daß Sie nichts von einem Mordanschlag wissen. Wie sich diese Antwort auf Ihre weiteren Überlebenschancen auswirkt, werden Sie gleich erfahren.

→ 325

303

Aus und vorbei – mehr als 21 Augen. Aber wer beim Blackjack sechs Karten zieht, sollte sich wirklich nicht wundern, wenn er
190 ← verliert.

304

Und nun zum eigentlichen Zweck Ihres Besuchs bei Johnny Rizzo – der Suche nach Gloria Morelli. In geduckter Haltung und, nach der Begegnung mit dem Riesenschnauzer, jederzeit auf eine neuerliche Überraschung gefaßt, huschen Sie über eine weiträumige Rasenfläche zu den Gebäuden hinüber.

Zuerst wollen Sie sich den Flachbau vornehmen. Der Lichtschein, der aus einem Souterrainfenster nach draußen dringt,
372 ← erscheint Ihnen vielversprechend.

305

Das Porträt des Mädchens fasziniert Sie so sehr, daß Sie sich im Augenblick auf nichts anderes konzentrieren können. Passen Sie nur auf, daß Sie sich nicht in die Kleine verlieben. So etwas lenkt nur von der Arbeit ab.

→ 194

306

Gloria greift nach dem Ordner und reicht ihn gleich an Sie weiter – sie hat offenbar unbegrenztes Vertrauen zu Ihnen. Neugierig öffnen Sie die Akte. Und was finden Sie? Die Besitzurkunde für ein ›Café‹ in Cicero, von dem Sie allerdings zufällig wissen, daß es vor ein paar Wochen völlig ausgebrannt ist.

Foxstone zeigt sich einigermaßen verwundert. »Ich hätte gedacht, daß sie eine andere Wahl treffen würden«, sagt er. »Aber bitte sehr, ganz wie Sie meinen.«

Dann läßt er Sie wissen, daß er gleich einen Gerichtstermin hat, und verabschiedet sich von Ihnen. Mit dem dummen Gefühl. irgendwie einen Fehler gemacht zu haben, verlassen Sie und Gloria sein Büro.

→ 341

307

Nicht viel los auf diesem Parkplatz – zwei mittelalte Fords, ein Buick, der Lieferwagen eines einheimischen Krämers. Sie steigen in Ihren Chevy und fahren los. In Gedanken sind Sie schon bei Luke Morelli, dem sie nun die betrübliche Nachricht von der Entführung seiner Tochter überbringen müssen. Leidet unter dieser Gedankentiefe vielleicht die möglicherweise bedeutsamste Gabe, über die ein erstklassiger Detektiv verfügen muß – Ihr »sechster Sinn‹ nämlich?

Legen Sie doch mal eine entsprechende Probe ab. Ihr Würfelergebnis ist

404 ⟵ 1 – 2

424 ⟵ 3 – 6

308

Unter der Nummer, die Sie anrufen, meldet sich ein Hotel ›Star‹.

»Mr. Morelli? Einen Augenblick, ich verbinde.«

Sie legen schnell auf, denn jetzt mit Morelli zu telefonieren, lag eigentlich nicht in Ihrer Absicht.

Im ›Star‹ wohnt Morelli also? Der Gedanke veranlaßt Sie, die Stirn zu runzeln, denn Sie kennen das ›Star‹. Es handelt sich um eine nicht gerade bestens beleumundete Absteige in der Nähe des Hafens – wohl kaum der angemessene Aufenthaltsort für einen wohlsituierten Mann wie Luke Morelli. Aber vielleicht erfahren Sie ja an Ort und Stelle mehr . . .

→ 322

309

Es spricht nicht für die detektivische Meisterschaft, daß Ihnen der Aufenthaltsort Ihres Auftraggebers noch unbekannt ist. Der Rechtsanwalt Foxstone wird es Ihnen schon sagen? Stimmt auch wieder – bei den brisanten Neuigkeiten, die Sie zu bieten haben!

Und tatsächlich, ein Anruf bei Foxstone, entsprechend bedeutungsschwanger vorgetragen, und schon erfahren Sie, wo Sie Luke Morelli finden können: Im Hotel ›Star‹, einer ziemlich übel beleumundeten Absteige im Hafenviertel.

Sie wundern sich ein bißchen, daß ein gutsituierter Mann wie Morelli in solch einem Haus wohnt, gehen aber mit einem Achselzucken darüber hinweg.

Als Sie vom Telefonieren zurückkommen, sehen Sie, daß Frank Millers Wagen ein Stück weiter am Straßenrand steht. Befriedigt steigen Sie in Ihren Chevy und fahren zum Hafenviertel. Auch der Buick des Lehrers setzt sich in Bewegung.

345 ←

310

Seien sie froh, daß Sie Miller nicht engagiert haben. Der Mann wäre wirklich nicht der richtige Umgang für Sie gewesen. Aber nun fahren Sie erst mal zum ›Star‹, um Luke Morelli zur Rede zu stellen.

327 ←

311

Ohne anzuklopfen reißen Sie die Tür auf und treten in das Zimmer.
Ein schriller Schrei aus empörter Frauenkehle empfängt Sie. Der Schrei kommt von einem nackten Mädchen, das gerade auf dem breiten Bett des Zimmers mit einem Mann reizvolle gymnastische Übungen betreibt. Und dieser Mann ist ganz zweifellos nicht Frank Miller.
Der Schrei des Mädchens steigert sich noch um eine Oktave, will gar nicht mehr aufhören. Sie halten es für angebracht, fluchtartig den Rückzug anzutreten und stürmen die Treppe hinunter. Vorbei an der natürlich längst aufmerksam gewordenen Pensionswirtin hasten Sie zur Haustür.
War wohl nichts, denken Sie auf dem Weg zu Ihrem Chevy. Und nun werden Sie sich auch wieder Ihres knurrenden Magens bewußt.

→ 9

312

Cicero ist nicht gerade eine Gegend, die gehobenen Wohnkomfort bietet. Hauptsächlich findet man in dieser grauen Vorstadt ziemlich häßliche Miets- und Gewerbebauten, die die Depression schon rein äußerlich zur Schau stellen. Sie hätten gar nicht für möglich gehalten, daß es in Cicero auch Flecken gibt, wo es echt kultiviert aussieht.

Johnny Rizzos Vila liegt in einer dieser wenigen Oasen inmitten der Steinwüste – eine ruhige, für den Fahrzeugverkehr gesperrte Straße mit altem Baumbestand, großzügig blühenden Gärten, gepflegte Häuser, von denen keins mehr als zwei Stockwerke besitzt.

Gangster müßte man sein, denken Sie neidisch, als Sie Ihren Chevy kurz hinter der Straßenecke parken.

332 <—

313

Gloria greift nach der Schatulle und öffnet sie neugierig. Der Inhalt ist allerdings enttäuschend: eine kleine Brosche aus Altsilber – nicht sonderlich wertvoll, wie Sie sofort mit Kennerblick feststellen.
Foxstone zeigt sich einigermaßen verwundert. »Ich hätte gedacht, daß Sie eine andere Wahl treffen würden«, sagt er. »Aber bitte sehr, ganz wie Sie meinen.«
Dann läßt er Sie wissen, daß er gleich einen Gerichtstermin hat, und verabschiedet sich von Ihnen. Mit dem dummen Gefühl, irgendwie einen Fehler gemacht zu haben, verlassen Sie und Gloria sein Büro.

→ 341

314

Aus und vorbei – mehr als 21 Augen. Aber wer beim Blackjack sechs Karten zieht, sollte sich wirklich nicht wundern, wenn er verliert.

→ 190

315

Wahrheitsgemäß berichten Sie Rizzo alles, was Sie über den Anschlag auf Morelli wissen. Der Gangsterboß scheint überrascht – ganz offensichtlich steckt er selbst nicht hinter dem Attentat.
Und wie wirken sich Ihre Auskünfte auf Ihre eigenen Überlebenschancen aus?
325 ← Gleich werden Sie es erfahren.

316

Am meisten schmerzt Sie das laute Lachen, das draußen vor dem Tor hörbar wird. Und natürlich auch die höhnischen Bemerkungen, die dieses Lachen begleiten.
»Die Wahl liegt ganz bei dir, Bastard! Entweder du säufst dich zu Tode oder wartest, bis wir wiederkommen, Bye, bye.«
Immer noch lachend, entfernen sich die
336 ← beiden Kerle – Sie sind allein.

317

Wenn Sie zu Hause ankommen, sollten Sie gleich mal einen Blick in den Spiegel werfen. Die Schamesröte müßte Ihnen bis zum Haaransatz im Gesicht stehen . . .

318

Morelli wirkt nicht so selbstsicher und überlegen, wie Sie ihn kennen. Ihre Bemerkungen in bezug auf die beiden Mädchen scheinen ihn etwas erschüttert zu haben. Und natürlich zielt seine erste Frage dann auch in diese Richtung.
»Woher wissen Sie das . . . mit meiner Tochter?« erkundigt er sich.
Sie grinsen ihn an. »Welche Tochter meinen Sie denn – die richtige oder die falsche?«
Für einen Augenblick schließt Morelli die Augen. Sein Gesichtsausdruck wirkt echt gequält. Fast tut er Ihnen leid, und so sagen Sie ihm, daß bisher außer Ihnen nur die bewußte Vertrauensperson Bescheid weiß.
»Und wenn Sie mir jetzt reinen Wein einschenken, Mr. Morelli«, sagen Sie, »dann soll es auch dabei bleiben.«
Geradezu dankbar sieht er Sie an. »Gut«, antwortet er mit leiser Stimme, »Sie sollen alles erfahren.«
Und dann erzählt er Ihnen eine Geschichte, die glatt aus einem Roman stammen könnte . . .

→ 338

319

Zwei Tage später lesen Sie in der Zeitung, daß Gloria Morelli ermordet wurde. Warum und von wem? Das werden Sie leider nie erfahren . . .

320

Morelli ist damit einverstanden, daß Sie das Bild seiner Tochter behalten. Sie stekken es ein und erkundigen sich dann, wie Sie sich mit ihm in Verbindung setzten sollen, wenn Sie etwas über Gloria herausgefunden haben.

Ihre stille Hoffnung, daß Morelli Ihnen jetzt sagt, wo er wohnt, erfüllt sich nicht. Er gibt Ihnen lediglich die Anschrift eines Rechtsanwalts namens Foxstone, den Sie bei Bedarf kontaktieren sollen. Nachdem er Ihnen dann auch noch die Adresse der Schule mitgeteilt hat, erhebt er sich von seinem Stuhl, um Sie zu verabschieden. Aber gibt es da nicht noch etwas, was geklärt werden müßte?

Legen Sie eine Cleverneß-Probe ab. Sie würfeln eine

344 ← 1 oder 2

361 ← 3 oder 4

371 ← 5 oder 6

321

Nicht der dümmste Gedanke, der Ihnen da gekommen ist. Zweifellos sind Sie reichlich früh dran. Solange an Bord der ›Angelina‹ noch Licht brennt und alles wach ist, wäre es viel zu riskant, etwas zu unternehmen.
Lassen Sie sich also Zeit, und gehen Sie ruhig einen trinken.

→ 335

322

Auf zum Hotel ›Star‹ also! Sie steigen in Ihren Chevy, fahren in Richtung Hafen und parken einen Häuserblock vom Hotel entfernt.

Wirklich eine miese Gegend, besonders am hellichten Tag, wenn die Lokale in der Nachbarschaft noch die Rolladen runter haben. Mit Zoten beschmierte Fassaden, Abfallhaufen, vor denen die Müllabfuhr kapituliert zu haben scheint, ein Geruch von Verrottung in der an sich frischen Morgenluft. Und die Typen, die da so herumstehen, sehen aus, als ob es ihnen nicht das geringste ausmachen würde, einem schon wegen fünfzig Cents den Schädel einzuschlagen.

Mit schnellen Schritten und wachen Augen gehen Sie auf das ›Star‹ zu. Und als Sie den Hoteleingang fast erreicht haben, tritt aus diesem Jack Diamond hervor und ... sieht sie. Jetzt heißt es, Nervenstärke zu zeigen. Sie legen eine entsprechende Probe ab und würfeln

346 ⟵ 1 – 3

364 ⟵ 4 – 6

323

Das ist ganz schlecht für Sie, denn nun läßt es sich nicht vermeiden, daß Sie Ihren letzten Einsatz noch einmal in derselben Höhe an den Bankhalter abliefern müssen. Ja, es kann sogar noch schlimmer kommen – dann nämlich, wenn der Bankhalter den Einsatz nach seiner ersten Karte verdoppelt hat. Ist dies der Fall?

Ja —> 441

Nein —> 351

324

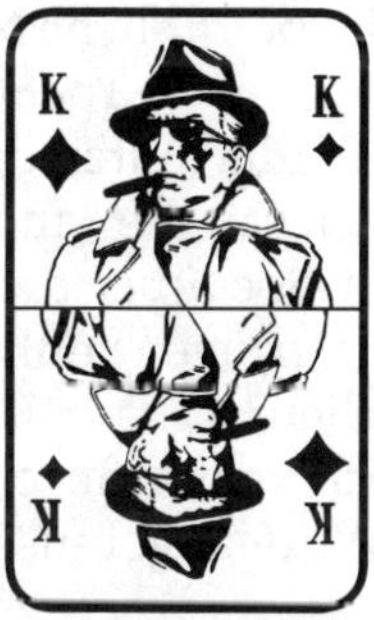

Aus und vorbei – mehr als 21 Augen. Aber wer beim Blackjack sechs Karten zieht, sollte sich wirklich nicht wundern, wenn er verliert. —> 190

325

Johnny Rizzo hat über Ihr weiteres Schicksal entschieden.
»Okay, Buddy«, sagt er, »du kannst nach Hause gehen. Und richte Morelli folgendes aus: Wenn ich nicht innerhalb von vierundzwanzig Stunden die Million wiederhabe, die er mir unterschlagen hat, dann kriegt er seine Tochter zurück – und zwar
355 ← als Leiche!«

326

Ihnen fällt nichts auf, was erinnerungswürdig erscheint. So fahren Sie also los und sind in Gedanken schon bei Luke Morelli, dem Sie nun die betrübliche Nachricht von der Entführung seiner Tochter überbringen müssen. Leidet unter dieser Gedankentiefe vielleicht die möglicherweise bedeutsamste Gabe, über die ein erstklassiger Detektiv verfügen muß – Ihr ›sechster Sinn‹ nämlich?
Legen Sie doch mal eine entsprechende Probe ab. Ihr Würfelergebnis ist

404 ← 1 – 2

424 ← 3 – 6

327

Ein kurzes Gespräch an der Rezeption, dann bekommen Sie Bescheid, daß Luke Morelli Sie in seinem Zimmer erwartet.

Ihr Auftraggeber ist ganz begierig darauf, zu hören, was Sie in Erfahrung gebracht haben. Und Sie lassen ihn nicht lange zappeln. Knallhart konfrontieren Sie ihn mit Ihren Erkenntnissen.

Ihr Auftraggeber wird aschgrau im Gesicht – ein Mann der sich entlarvt sieht! Aber seine Erschrockenheit legt sich schnell wieder. Ganz plötzlich hat er eine Pistole in der Hand und legt auf Sie an. Starr vor Entsetzen blicken Sie in den tödlichen Lauf der Waffe.

»Sie wissen zu viel, mein Freund«, sagt Morelli. Dann drückt er ab.

Mit der Überlegung, daß es wohl doch vernünftiger gewesen wäre, vor dem Gespräch mit Morelli dessen Identität einer genauen Durchleuchtung zu unterziehen, hauchen Sie Ihr Leben aus . . .

328

Auf Anhieb erfassen Sie, daß es der Maskierte nicht auf Sie, sondern auf Luke Morelli abgesehen hat.

Ihr Auftraggeber ist wie gelähmt, scheint nicht fassen zu können, daß irgend jemand wagt, gegen ihn die Pistole zu erheben. Als der Maskierte feuert, geben Sie Morelli einen kräftigen Stoß, um ihn aus der Schußbahn zu befördern. Haben Sie noch rechtzeitig ragiert?

Legen Sie eine entsprechende Probe ab. Sie würfeln eine

349 ⟵ 1 – 2

388 ⟵ 3 – 4

368 ⟵ 5 – 6

329

Natürlich wissen Sie, daß Luke Morelli im Hotel ›Star‹ wohnt. Und genau dort fahren Sie jetzt hin. Frank Miller folgt Ihnen wie
345 ⟵ ein braves Hündchen.

330

Wo anfangen? Sie beschließen, sich zuerst den Anbau vorzuknöpfen. Der Lichtschein, der aus einem Souterrainfenster nach draußen dringt, erscheint Ihnen vielversprechend.

→ 372

331

Ohne anzuklopfen reißen Sie die Tür auf und treten in das Zimmer.

Auf dem Bett sitzt ein Mann, der gerade dabei ist, seinen Revolver zu reinigen. Der Mann ist offenkundig nicht Frank Miller. Als er Sie so plötzlich im Türrahmen stehen sieht, erschrickt er fürchterlich und legt sofort auf Sie an. Sie zweifeln nicht daran, daß er gleich abdrücken wird, und treten fluchtartig den Rückzug an.

Das war wohl nichts, denken Sie, als Sie schwer atmend wieder auf der Straße stehen. Mißvergnügt gehen Sie zu Ihrem Chevy. Und nun werden Sie sich auch wieder Ihres knurrenden Magens bewußt.

→ 9

332

Geschützt von der Dunkelheit, die nur durch vereinzelte Straßenlaternen ein bißchen durchbrochen wird, nähern Sie sich der Villa Johnny Rizzos.

Kein Mensch läßt sich auf der Straße blikken. Sie scheinen das einzige lebende Wesen weit und breit zu sein, und wenn nicht in den wenigen Häusern links und rechts Licht brennen würde, könnten Sie das Gefühl haben, in eine Geisterstadt geraten zu sein. Aber Sie lassen sich durch die scheinbare Ruhe nicht täuschen, sind vielmehr davon überzeugt, daß man in der Villa des Gangsterbosses hellwach sein wird. Vermutlich weiß Rizzo durch den verräterischen Jack Diamond längst, daß Sie ihm auf die Spur gekommen sind, und hat entsprechende Sicherheitsvorkehrungen getroffen.

Mit der gebotenen Vorsicht gehen Sie ans Werk.

343 ←

333

→ 328

334

Wenn Sie sich nicht verzählt haben, gibt es jetzt genau zwei Möglichkeiten:

166 ← Sie haben exakt 21 Augen und geben nun dem Bankhalter Gelegenheit, es Ihnen gleichzutun

190 ← Sie haben mehr als 21 Augen und damit verloren

335

Unweit vom Yachthafen finden Sie ein Speak, in das Sie einkehren. Und was trinken Sie?

684 ← Bourbon natürlich

376 ← Kaffee

336

Nicht viel später ist Ihnen klar, wie die Bemerkung »Sauf dich zu Tode« gemeint war. Das ganze Lagerhaus, eine einzige große Halle, ist mit Schnapsflaschen gefüllt. Offenbar bewahrt die Rizzo-Gang hier ihre gesamte Schwarzbrenner-Produktion auf.
Und Gloria Morelli? Nun, sie ist nicht hier, war es anscheinend auch nie. Als bei dem belauschten Gespräch in Rizzos Anwesen der Name ›Bellamy Company‹ fiel, ging es wohl gar nicht mehr um das entführte Mädchen, sondern schon um die Fuselgeschäfte der Gangster.
Im Moment ist dies jedoch alles nebensächlich. Sie müssen raus aus dieser Schnapshöhle, schnellstens! Denn wenn die Kerle wiederkommen – bestimmt nicht allein, dann sind Sie geliefert. → 353

337

Sicher, sie fahren nach Hause – etwas anderes können Sie ja jetzt gar nicht tun. Sie haben keine echte Spur, keinen konkreten Anhaltspunkt, wo Gloria Morelli versteckt sein könnte. Diese Überlegungen sind echt deprimierend.
Lebt Luke Morelli eigentlich noch?

Natürlich lebt Ihr Auftraggeber noch → 279

Morelli ist tot → 295

338

Um seinem einzigen und über alles geliebtem Kind seine Gangster-Identität zu verheimlichen und vor allem auch um niemals erpreßbar zu sein, traf er schon gleich nach der Geburt der Kleinen, bei der seine Frau starb, zukunftsbestimmende Vorkehrungen. Ein ihm treu ergebenes Ehepaar, die Frazettas, bekamen zur selben Zeit ein Kind, und so wurden die beiden Säuglinge in einer verschwiegenen Klinik ausgetauscht – Mary-Lou wurde zu Gloria, Gloria zu Mary-Lou. Achtzehn Jahre lang ging alles gut, dann überwarf er sich mit Johnny Rizzo, einem Mann, von dem er wußte, daß er vor nichts zurückschrecken würde – auch nicht davor, seine einzige Tochter zu töten, wenn er damit etwas erreichen könnte.

»Und in diesem Augenblick, mein Freund«, sagt Morelli, »faßte ich einen Plan, für den ich mich jetzt aufrecht schäme . . .«

359 ←

339

Ihr ›sechster Sinn‹ sagt Ihnen, daß es besser ist, wenn Sie Gloria Morelli erst einmal mit in Ihr Wohnbüro nehmen. Das Mädchen selbst hat dagegen nichts einzuwenden, ist sogar ganz froh darüber.

Sie erzählt Ihnen, daß Sie Ihren Vater eigentlich kaum kennt. Sie ist schon als Kleinkind zu Pflegeeltern gegeben worden, und zwar zu Leuten namens Frazetta. Als die Pflegeeltern dann bei einem Autounfall umkamen, wurde sie zusammen mit der Frazetta-Tochter Mary-Lou von Morelli in diversen Privatinternaten untergebracht. In gewissen Abständen hat Morelli sie besucht, aber sie hatte dabei eigentlich immer den komischen Eindruck, daß es ihm mehr um Mary-Lou als um sie selbst ging.

Diese Erklärungen des Mädchens geben Ihnen irgendwie schwer zu denken.

→ 356

340

Befriedigt verlassen Sie den Friedhof wieder und fahren zum Verlagsgebäude der *Chicago Tribune*. Spektakuläre Unfälle sind immer ein gefundenes Fressen für Zeitungen. Und wenn Sie ein bißchen Glück haben . . .
Sie haben sich doch das Todesjahr der Frazettas gemerkt, oder?

358 ← 1925

378 ← 1927

417 ← 1929

341

Daß Sie da einen dummen Fehler gemacht haben, kann man wohl sagen. Warum, glauben Sie, hat Frank Miller wohl Sekunden vor seinem Tod von einem Schlüssel geredet – ganz offenkundig von einem Bankschließfachschlüssel, wie er in Foxstones Tresor lag?

Nun, als Sie Monate später in den Klatschspalten diverser Zeitungen von den Eskapaden der jungen Millionärin Mary-Lou Frazetta lesen, wird Ihnen langsam klar, wo denn wohl die von Luke Morelli plattgeschlagene Million geblieben ist.

Und noch einiges mehr können Sie sich zusammenreimen. Ganz klar, daß Morelli seiner richtigen Tochter, Mary-Lou also, den Löwenanteil seines Erbes zukommen lassen wollte und ihr deshalb das Codewort ›Morgenröte‹ bekanntgegeben hatte. Mary-Lou, verknallt bis über beide Ohren, hatte ihren Geliebten Frank Miller eingeweiht. Und da lag natürlich auch Millers Mordmotiv – erst wenn Morelli tot war, kam sein ›Testament‹ zur Geltung. Indirekt waren Sie sozusagen sogar Millers Schrittmacher. Anscheinend wußten weder er noch Mary-Lou, wo sich Luke Morelli aufhielt. Erst indem sich der verbrecherische Lehrer an Ihre Fersen heftete, kam er Morelli auf die Spur.

Lesen Sie weiter auf Seite 234

Noch 341

Tja, Sie und Gloria haben das falsche Erbstück erwischt – Mary-Lou, die dann wohl nach Ihnen bei Foxstone war, hat sich cleverer angestellt. Aber was sind schon Geld und Gut? Vielleicht ist Ihnen ja etwas anderes viel lieber – das große Happy-End mit der reizenden Gloria . . .

685 ←

342

Aus und vorbei – mehr als 21 Augen. Aber wer beim Blackjack sieben Karten zieht, sollte sich wirklich nicht wundern, wenn er verliert.

190 ←

343

Das Anwesen Johnny Rizzos wird ringsum von einem fast mannshohen Holzzaun gesäumt. Wachposten sind keine zu sehen, zumindest nicht außerhalb des Zauns.

Sie klettern über den Zaun → 389

Sie schrecken davor zurück, weil Sie mit einer computergesteuerten Fernsehüberwachungsanlage rechnen → 363

344

Alles klar für Sie? Na ja, wenn Sie meinen, daß Sie es nicht nötig haben, Ihren Auftraggeber um einen Vorschuß anzuhauen, dann ist das natürlich Ihre Sache. So verabschieden Sie sich also von Morelli und Diamond, verlassen das Hinterzimmer und wenig später auch das Restaurant. → 401

345

Sie kommen vor dem ›Star‹ an und lenken Ihren Chevy in eine Parklücke. Ein schneller Blick in den Rückspiegel: Ja, auch Frank Miller hat einen Parkplatz gefunden, drei Wagen hinter dem Ihren. Ob der Bursche wirklich glaubt, daß Sie so einfältig sind, ihn nicht bemerkt zu haben? Nun, Sie werden ihm jetzt zeigen, wie gewieft Sie in Wirklichkeit sind.
Sie steigen aus, treten an Millers Buick heran, reißen die Fahrertür auf und packen den Lehrer am Kragen. Miller ist zwar völlig perplex, faßt sich aber schnell und wehrt sich. Wer gewinnt die Oberhand?
Eine Körperkraftprobe wird es zeigen. Sie würfeln

366 ← 1 – 3

386 ← 4 – 6

346

Ihnen fällt nichts anderes ein, als sich blitzschnell in einen Hauseingang zu drücken. Aber das hilft Ihnen nicht viel. Jack Diamond hat sie natürlich nicht aus den Augen verloren und kommt schnurstracks auf Ihr dürftiges Versteck zu.

»Was tun Sie hier?« herrschte er Sie an. Sie murmeln so etwas wie »Bin rein zufällig in der Gegend«, was Diamond mit einem böse klingenden Auflachen quittiert. »Na«, sagt er rauh, »dann machen Sie mal, daß Sie schnell wieder aus der zufälligen Gegend verschwinden. Wenn Sie bleiben, könnte Ihnen das nämlich verdammt schlecht bekommen.«

Die Drohung in seiner Stimme ist unüberhörbar. Und da Ihr Nervenkostüm, wie Sie gerade bewiesen haben, zur Zeit nicht das beste ist, ziehen sie es vor, Diamonds ›Ratschlag‹ zu befolgen. Sie steigen also wieder in Ihren Chevy und verlassen das Hafenviertel.

Über Morellis Identität wissen Sie somit nach wie vor nichts, Sie haben nur das dumpfe Gefühl, daß an der ganzen Geschichte irgend etwas faul ist.

Wie dem auch sei – Sie nehmen sich nun vor, die Suche nach der Tochter Ihres Auftraggebers unverzüglich in Angriff zu nehmen. Darum fahren Sie nach Hause, um die letzten Vorbereitungen für den Besuch in der Privatschule des Mädchens zu treffen.

⟶ 520

347

402 ← Mit geschultem Blick mustern Sie die parkenden Fahrzeuge ...

348

Daß Sie Morellis Adresse kennen, spricht für Ihre detektivische Gewissenhaftigkeit. Wissen Sie noch mehr – beispielsweise welcher Profession Ihr Auftraggeber nachgeht?

444 ← Morelli ist ein Gangster

367 ← Morelli ist ein Kandidat für das Amt des Bürgermeisters

387 ← Morelli ist ein Schauspieler aus Hollywood.

406 ← Morelli ist ein pensionierter Millionär

429 ← Sie sind über Morellis Identität nicht im Bilde

349

Sie haben leider etwas zu langsam reagiert. Ein erstickter, gequälter Laut entringt sich Luke Morellis Kehle, als er vor der Bar zusammenbricht.
Der maskierte Mordschütze dreht sich auf dem Absatz um und verschwindet durch die Eingangstür. Sie setzen ihm nicht nach, beugen sich statt dessen über den am Boden liegenden Morelli. Aber Sie erkennen gleich, daß hier jede Hilfe zu spät kommt. Das weiße Hemd unter seinem Maßanzug hat sich in Höhe des Herzens blutrot gefärbt. Ihr Auftraggeber rührt sich nicht mehr, starrt Sie nur, für immer schweigend, mit gebrochenen Augen an. Er ist tot.

→ 485

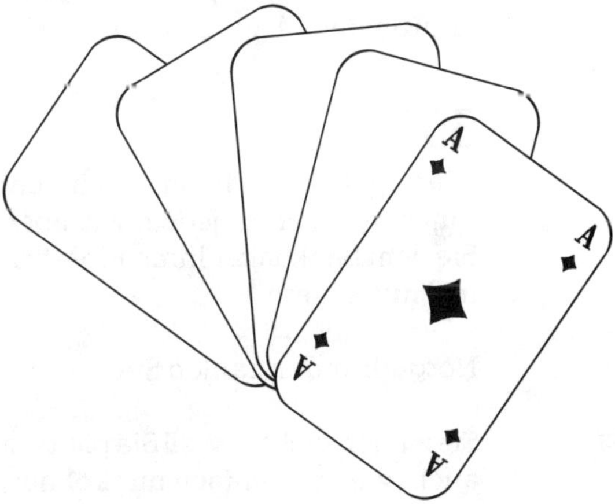

350

Ohne anzuklopfen reißen Sie die Tür auf und treten in das Zimmer.

Zwei Personen sind anwesend, eine Frau und ein Mann, bei dem es sich nicht um Frank Miller handelt. Die beiden sind offenbar dabei, sich nach Herzenslust zu streiten. Als der Mann, ein baumlanger Bursche mit gut 100 Kilo Lebendgewicht, Ihrer ansichtig wird, läuft sein Gesicht blutrot an.

»Ah, da kommt dein Liebhaber ja«, brüllt er. »Den mache ich alle!«

Und schon macht er Anstalten, sich auf Sie zu stürzen. Fluchtartig treten sie den Rückzug an.

Das war wohl nichts, denken Sie, als Sie schwer atmend wieder unten auf der Straße stehen. Sie gehen zu Ihrem Chevy und werden sich jetzt auch wieder Ihres
9 ← knurrenden Magens bewußt.

351

Glück gehabt – dieser Kelch geht also an Ihnen vorüber. In jedem Fall aber müssen Sie dem Bankhalter Ihren Einsatz noch einmal hinblättern.

420 ← Notgedrungen zahlen Sie

3 ← Sie zahlen nicht – weil Sie pleite sind oder auch, weil Sie einfach nur behaupten, pleite zu sein

352

Aus und vorbei – Sie haben mehr als 21 Augen. Aber wer beim Blackjack sieben Karten zieht, sollte sich wirklich nicht wundern, wenn er verliert. → 190

353

Das Tor scheidet von vornherein als Fluchtweg aus, es bleiben nur die Fenster. Aber Sie erkennen sehr bald, daß das Drahtgeflecht äußerst widerstandsfähig ist. Schüsse darauf abzugeben wäre sinnlos, und Ihr Messer haben Sie auch nicht mehr. Und mit bloßen Händen . . . Eine gute Idee und Cleverneß sind gefragt.
Legen Sie eine entsprechende Probe ab. Ihr Würfelergebnis lautet

1 – 2 → 374

3 – 6 → 413

354

Auf also zum eigentlichen Zweck Ihres Besuchs bei Johnny Rizzo – der Suche nach Gloria Morelli.

In geduckter Haltung überqueren Sie das restliche Stück der Rasenfläche und streben den Gebäuden entgegen. Wo mit der Suche anfangen? Sie beschließen, sich zuerst den Anbau vorzuknöpfen. Der Lichtschein, der aus einem Souterrainfenster nach draußen dringt, erscheint Ihnen vielversprechend.

372 ←

355

Das mit der unterschlagenen Million müssen Sie erst einmal verdauen. Offenbar hat Morelli Sie über den Hintergrund seiner Streitigkeiten mit Rizzo doch nicht so ganz richtig informiert. Aber was kümmert es Sie letzten Endes? Sie haben den Auftrag, ein entführtes Mädchen wiederzufinden, sonst gar nichts.

Allerdings sieht es, zumal nach der brutalen Drohung Rizzos, in punkto Befreiung Gloria Morellis nicht sonderlich gut aus, was? Aber warten Sie mal einen Augenblick. Vielleicht tut sich ja ein überraschender Hoffnungsschimmer am Horizont auf . . .

373 ←

356

In Ihrer Behausung angekommen, bereiten Sie Gloria in Ihrer Schlafkammer ein frisches Bett. Es reizt Sie zwar ungemein, ebenfalls hier zu nächtigen, aber dann siegt doch der Gentleman in Ihnen. So schlafen Sie also im Büroraum auf der Couch.

→ 616

357

Sie wachen auf, als das Sonnenlicht schon ein bißchen schräg durch Ihr kleines Schlafkammerfenster einfällt. Ein Blick auf Ihre Armbanduhr sagt Ihnen, daß es halb drei durch ist. Also noch genug Zeit bis zu Ihrer Verabredung in der Poll Street. Gemächlich erledigen Sie Ihre ›Morgenwäsche‹, ziehen sich an und frühstücken dann erst einmal anständig.
»Morelli anrufen«, raunt Ihnen eine innere Stimme zu. Aber Sie ignorieren die Stimme. Sie werden sich mit ihrem Auftraggeber erst nach dem vor Ihnen liegenden Treffen in Verbindung setzen.

→ 375

358

Es ist ein mehr als mühseliges Geschäft, in einem Zeitungsarchiv einen ganzen Jahrgang durchzublättern. Wenn man im Januar anfängt, steht das Gesuchte mit größter Wahrscheinlichkeit im Dezember. Und wenn man Silvester einsteigt...

Nun, bei Ihnen bleibt es in jedem Fall gleich. Sie finden nämlich nichts – keinen Bericht über den Unfall der Frazettas und auch kein Bild des unglücklichen Ehepaars. Frustriert schicken Sie sich an, das Verlagsgebäude wieder zu verlassen. Sechs geschlagene Stunden Arbeit für den Arsch!

397 ←

359

Jack Diamond, sein engster Vertrauter, wechselt scheinbar in das Lager Rizzos über und spielt dem Konkurrenten Gloria zu. Rizzo, nicht ahnend, daß das Mädchen die falsche Tochter ist, mußte annehmen, nun ein ungeheures Druckmittel gegen Morelli in der Hand zu haben. Morelli bestärkte Rizzo in dieser Annahme, indem er einen Detektiv – Sie! – engagierte, um zu dokumentieren, daß er alle Hebel zur Befreiung seiner angeblichen Tochter in Bewegung setzte. In Wirklichkeit aber konnte ihm gar nichts Besseres als der Tod Glorias passieren. Dann nämlich wäre Mary-Lou, seine wirkliche Tochter, für immer vor allen Nachstellungen sicher.

379 ←

360

Gloria greift nach dem Schlüssel und reicht ihn gleich an Sie weiter – ganz offenbar hat sie unbegrenztes Vertrauen zu Ihnen. Der Schlüssel gehört zu einem Schließfach bei der First National Bank, und Sie beginnen langsam zu ahnen, was sich in diesem Schließfach befinden könnte.
Verständlicherweise haben Sie es ziemlich eilig, sich von Foxstone zu verabschieden und mit Gloria zur First National Bank zu fahren.

—> 380

361

Als ob Sie das vergessen würden! Natürlich, ein Vorschuß muß her, und zwar sofort. Bescheiden, wie Sie sind, begnügen Sie sich fürs erste mit fünf Tagessätzen nebst Spesen und hauen Morelli um zweihundert Dollar an.

Notieren Sie 200 $ auf Ihrem Protokoll

Ihr Auftraggeber zückt, ohne zu zögern, seine Brieftasche und zahlt, wobei er nicht einmal eine Quittung verlangt. Sie ärgern sich ein bißchen, weil Sie nicht das Doppelte verlangt haben, lassen sich das aber nicht anmerken. Dann verabschieden Sie sich von Morelli und Diamond, verlassen das Hinterzimmer und wenig später auch das Restaurant.

—> 401

362

Aus und vorbei – mehr als 21 Augen. Aber bei der siebten Karte sollten Sie sich wirklich nicht wundern, daß Sie verloren haben.

190 ←

363

Eine computergesteuerte Fernsehüberwachungsanlage? Sie haben wohl zu viele Science-Fiction-Stories im Magazin ›Amazing‹ gelesen, was? Solche Einrichtungen sind Erfindungen der Zukunft und existieren heute noch nicht. Steigen Sie also ruhig über den Zaun – es werden bestimmt keine Warnsirenen losheulen.

389 ←

364

Eiskalt gehen Sie auf Diamond zu und begrüßen ihn mit einem mokanten Lächeln.

Der Gehilfe Ihres Auftraggebers ist sichtlich verblüfft, Sie zu sehen. »Was wollen Sie denn hier?« fragt er.

Lässig deuten Sie auf das ›Star‹ und erklären ihm, daß Sie sich noch ein bißchen mit Mr. Morelli unterhalten wollen.

Diamonds Verblüffung steigt. »Woher wissen Sie . . .?«

»Berufsgeheimnis«, geben Sie ihm kurz und knapp Bescheid. Dann schicken Sie sich an, weiter in Richtung Hotel zu gehen.

Diamond hält Sie zurück. »Warten Sie«, sagt er hastig, »Mr. Morelli hat es gar nicht gerne, wenn er unangemeldeten Besuch bekommt.«

»Und ich«, antworten Sie ungerührt, »habe es nicht gerne, für jemanden zu arbeiten, von dem ich nicht weiß, wer er ist.«

Jack Diamond zögert, denkt angestrengt nach. Dann gibt er sich einen Ruck.

»Okay«, quetscht er zwischen zusammengebissenen Zähnen hervor, »Sie wollen also wissen, wer Luke Morelli ist?«

Sie nicken.

Diamond zögert abermals, dann fängt er an zu erzählen. Und Sie bekommen eine Geschichte zu hören, die Sie sehr nachdenklich stimmt . . .

→ 385

365

340 ←

366

Der Widerstand, den Ihnen Frank Miller entgegensetzt, ist unerwartet stark. Sie schaffen es nicht, ihn aus dem Wagen zu zerren. Der Lehrer kann sich auf dem Fahrersitz behaupten und schafft es, an den Zündschlüssel heranzukommen und den Motor zu starten. Nur ein Sprung rückwärts rettet Sie davor, im wahrsten Sinne des Wortes unter die Räder zu kommen.
Der Buick fährt an und biegt Augenblicke später um die nächste Ecke. Sie können nur noch frustriert hinterherschauen und müssen nun leider darauf verzichten, Luke Morelli bei Ihrer Berichterstattung gleich auch den Täter zu präsentieren. → 427

367

Mit Ihrer detektivischen Gewissenhaftigkeit ist es wohl doch nicht so weit her. Ein ernsthafter Detektiv rät nämlich nicht, sondern sondiert sorgfältig. Und gegen dieses Gebot haben Sie soeben übelst verstoßen.
Wie dem auch sei – in jedem Fall müssen Sie jetzt zum Hotel ›Star‹ fahren und mit Morelli reden, ohne über seine Identität Bescheid zu wissen.
Haben Sie eigentlich den Lehrer Frank Miller als Mitarbeiter verpflichtet?

Ja → 271

Nein → 310

368

Der wuchtige Stoß, den Sie Luke Morelli gegeben haben, läßt diesen vor der Bar zu Boden stürzen. Im gleichen Augenblick fällt der Schuß des maskierten Mordbuben. Ist Morelli getroffen? Sie werfen einen schnellen Blick auf Ihren Auftraggeber und stellen fest, daß er unverletzt zu sein scheint. Der Attentäter hat sich inzwischen auf dem Absatz umgedreht und ist durch die Eingangstür verschwunden. Sie setzen ihm nicht sofort nach, sondern fingern zuerst nach Ihrer eigenen Waffe. Als Sie die 38er Special schußbereit haben, nehmen Sie die Verfolgung auf.

Aber Sie kommen zu spät. Von dem Maskierten ist nichts mehr zu sehen, weder in dem kleinen Foyer des Hotels noch auf der Straße. Ihre Pistole wieder wegsteckend, kehren Sie in die Bar zu Luke Morelli
446 ← zurück.

369

Ohne anzuklopfen reißen Sie die Tür auf und treten in das Zimmer.

Es ist niemand anwesend. Das gibt Ihnen Gelegenheit, sich in aller Gemütsruhe umzusehen. Sie sind sich zwar bewußt, ein Eindringling zu sein, verspüren deswegen aber keinerlei Gewissensbisse. Und dieses
431 ← Bild bietet sich Ihren prüfenden Augen . . .

370

Entweder sind Sie schon so betrunken, daß Sie sich verzählt haben und längst tot sind. Oder aber Sie haben mit einer wahren Meisterleistung genau 21 Punkte erzielt.

Betrunken, verzählt und verloren → 190

Stocknüchtern, richtig gezählt, exakt 21 Punkte – das soll Ihnen der Bankhalter jetzt erst mal nachmachen → 166

371

Als ob Sie das vergessen würden! Natürlich, ein Vorschuß muß her, und zwar sofort. Angesichts Ihrer Ahnung, daß Sie sich auf eine möglicherweise sehr dubiose Sache eingelassen haben, langen Sie kräftig hin und hauen Morelli um fünfhundert Dollar an.

Ihr Auftraggeber zückt, ohne zu zögern, seine Brieftasche und zahlt, wobei er nicht einmal eine Quittung verlangt. Mit satter Zufriedenheit sacken Sie die Scheine ein. Dann verabschieden Sie sich von Morelli und Diamond, verlassen das Hinterzimmer und wenig später auch das Restaurant.

Notieren Sie die 500 $ auf Ihrem Protokoll.

401 ←

372

Vorsichtig und sich ganz eng an die Hauswand pressend, schleichen Sie sich an das Souterrainfenster heran. Räume unterhalb des Erdbodens eignen sich bestens, um jemanden gefangenzuhalten (wie Sie vielleicht gar aus eigener Erfahrung wissen). Durchaus möglich, daß die Entführte in diesem Souterrain steckt, denken Sie.

Nun, ganz so einfach läuft die Chose nicht, denn statt des Wehklagens einer eingekerkerten Jungfrau dringen murmelnde Männerstimmen an Ihre aufmerksam gespitzten Ohren. Sie rücken trotzdem näher an das Fenster heran. Könnte ja interessant sein, was sich die Kerle da unten zu erzählen haben.

393 ←

373

Sie haben den Waschküchenraum verlassen und gehen mit den anderen vier Männern einen Kellergang entlang, Sie vorneweg, die Gangster hinter Ihnen. Und plötzlich hören Sie eine verschwörerische Flüsterstimme an Ihrem rechten Ohr: »Sei morgen um vier Uhr an der Hochbahnstation Poll Street. Ich habe 'nen heißen Tip für dich!«
Sie sind klug genug, sich nicht umzudrehen, um festzustellen, wer Ihnen da eine Information verkaufen will – das werden Sie schon noch rechtzeitig erfahren. Zum Zeichen, daß Sie verstanden haben, senken Sie mit der Andeutung eines Nickens leicht den Kopf.
Danach passiert nichts mehr. Sie werden eine Treppe hochgeführt und anschließend aus der Villa eskortiert. Und wenig später sitzen Sie in Ihrem Chevy.

→ 383

374

Der naheliegende Gedanke, Schnapsflaschen zu zerschlagen und mit den spitzen Scherben zu Werke zu gehen, kommt Ihnen leider nicht. So bleibt Ihnen nichts anderes übrig, als auf das Killerkommando zu warten.

→ 390

375

Sie beenden Ihr Frühstück mit einem wohligen Rülpsen und machen sich dann ausgehfertig. Wenig später stehen Sie unten
465 ← auf der Straße . . .

376

Sehr klug von Ihnen. Ein Mann mit Ihren Zielsetzungen, der Whiskey trinkt, kann ja
396 ← wohl nicht alle Tassen im Schrank haben.

377

Ihr ›sechster Sinn‹ sagt nichts Bestimmtes, läßt nur ein vages Gefühl der Unbehaglichkeit in Ihnen entstehen. Leicht irritiert fahren Sie zum ›Star‹ und machen vor dem Hotel halt. Bevor Sie mit Gloria Morelli aussteigen, lassen Sie prüfend Ihre Blicke umherschweifen. Sehen Sie irgend etwas, das Ihnen verdächtig erscheint?
Legen Sie eine Probe Ihres Beobachtungsvermögens ab. Ihr Würfelergebnis ist

395 ← 1 – 3

416 ← 4 – 6

378

Es ist ein mehr als mühseliges Geschäft, in einem Zeitungsarchiv einen ganzen Jahrgang durchzublättern. Wenn man im Januar anfängt, steht das Gesuchte mit größter Wahrscheinlichkeit im Dezember. Und wenn man Silvester einsteigt . . .
Nun, bei Ihnen bleibt es in jedem Fall gleich. Sie finden nämlich nichts – keinen Bericht über den Unfall der Frazettas und natürlich auch kein Bild des unglücklichen Ehepaars.
Frustriert schicken Sie sich an, das Verlagsgebäude wieder zu verlassen. Sechs geschlagene Stunden Arbeit für den Arsch!

→ 397

379

Sie haben einige Mühe, Ihren Abscheu vor so viel Perfidie im Zaum zu halten.
»Und Gloria hat Ihnen kein bißchen leid getan?« fragen Sie scharf. »Nach all den Jahren . . .«
Morelli sieht Ihnen nicht in die Augen. »Doch«, antwortet er leise, »sie hat mir leid getan. Aber sie ist . . . nicht meine Tochter. Mary-Lou ist meine Tochter.« Jetzt blickt er hoch, und seine Stimme wird lauter. »Ich würde alles tun, um sie zu schützen. Alles, verstehen Sie?«
So ziehen sie es vor, ihm darauf keine Antwort zu geben.

→ 398

380

Ihre Ahnung bestätigt sich auf das erfreulichste – eine Million Dollar in großen Scheinen, fraglos jene Million, die Luke Morelli seinem Gangsterkumpan Rizzo abgeluchst hatte. Und dieser gewaltige Bat-
399 ⟵ zen Geld gehört jetzt Gloria!

381

Zum zweiten Mal Glück gehabt! Und vielleicht bleibt Ihnen das Glück ja treu. Wollen Sie eine weitere Runde spielen – wenn Sie noch genug Kleingeld in der Tasche haben, versteht sich? Oder hören Sie lieber auf?

131 ⟵ Auf ein neues

225 ⟵ Schluß für heute

382

Aus und vorbei – sie haben mehr als 21 Punkte. Aber wer beim Blackjack sieben Karten zieht, sollte sich wirklich nicht wundern, wenn er verliert.

—> 190

383

Sie sind jetzt nur noch eins: todmüde. Kein Wunder nach den Anstrengungen des vergangenen Tages und angesichts der Tatsache, daß es nicht mehr lange dauern kann, bis die Morgendämmerung anbricht. Zu Hause angekommen, legen Sie sich gleich ins Bett, ohne ein schlechtes Gewissen dabei zu haben. Ihr nächster Termin ist ja erst nachmittags um vier: Hochbahnstation Poll Street. Und Luke Morelli können Sie auch danach noch anrufen.

—> 357

384

Wenn Ihnen etwas Erinnerungswürdiges aufgefallen ist, dann speichern Sie es in Ihrem Gedächtnis. Alsdann steigen Sie in Ihren Chevy und fahren los.
In Gedanken sind Sie schon bei Luke Morelli, dem Sie nun die betrübliche Nachricht von der Entführung seiner Tochter überbringen müssen. Leidet unter dieser Gedankentiefe vielleicht die möglicherweise bedeutsamste Gabe, über die ein erstklassiger Detektiv verfügen muß – Ihr ›sechster Sinn‹ nämlich?
Legen Sie doch mal eine Probe ab. Ihr Würfelergebnis ist

404 ← 1 – 2

424 ← 3 – 6

385

Luke Morelli ist ein Gangster, und zwar einer von ganz großem Kaliber. Er gehört zu den engsten Vertrauten des berühmt-berüchtigten Al Capone, und jetzt, da der gute Al wegen Steuerhinterziehung im Knast von Atlanta sitzt, ist er ganz schön in die Bedrouille geraten.

Einige andere führende Mobster haben nämlich die Abwesenheit des großen Bosses genutzt, um selbst die Macht an sich zu reißen. Morelli, der nach wie vor treu zu Capone steht, ist ihnen dabei natürlich hinderlich. Und so versuchen sie, ihn mit allen Mitteln abzuservieren. Deshalb hat sich Morelli mit Diamond, seinem Leibwächter und Freund, ins Hotel ›Star‹ zurückgezogen. Und deshalb hat er jetzt verständlicherweise auch keine Zeit, sich um seine verschwundene Tochter zu kümmern ...

→ 403

386

Frank Millers Widerstand ist zwecklos. Sie schaffen es, ihn aus seinem Buick herauszuzerren und anschließend in einen schulmäßigen Polizeigriff zu nehmen. Triumphierend schleppen Sie ihn ins Hotel ›Star‹.

Ein kurzes Gespräch an der Rezeption, dann bekommen Sie Bescheid, daß Luke Morelli Sie in seinem Zimmer erwartet. Auch Jack Diamond ist anwesend.

Sie geben Miller einen Stoß, der Miller förmlich ins Zimmer hineinfliegen läßt. »Hi, Mr. Morelli«, sagen Sie. »Ihre Tochter ist entführt worden, aber der Fall ist so gut wie gelöst. Dieser Kerl hier ist einer der Täter, und wir werden ihn schon dazu bringen, uns zu erzählen, wo Gloria ist.«

Die Wirkung, die Sie mit Ihren Worten erzielen, ist verblüffend. Zunächst tauschen Morelli und Diamond einen langen Blick, dann brechen beide in lautes Lachen aus.

»Wissen Sie, was Sie sind?« sagt Morelli schließlich zu Ihnen. »Sie sind die größte Niete, die mir je begegnet ist! Machen Sie, daß Sie rauskommen, und lassen Sie sich nie wieder blicken.«

405 ← Wie es scheint, sind Sie entlassen ...

387

Ein ernsthafter Detektiv rät nicht, sondern sondiert sorgfältig. Und gegen dieses Gebot haben Sie soeben übelst verstoßen.
Wie dem auch sei – in jedem Fall müssen Sie jetzt zum Hotel ›Star‹ fahren und mit Morelli reden, ohne über seine Identität Bescheid zu wissen.
Haben Sie eigentlich den Lehrer Frank Miller als Mitarbeiter verpflichtet?

Ja → 271

Nein → 310

388

Der Stoß, den Sie Morelli gegeben haben, läßt diesen vor der Bar zu Boden stürzen. Im gleichen Augenblick fällt der Schuß des maskierten Mordbuben. Morelli scheint unverletzt zu sein, aber der Killer hat Ihren Auftraggeber schon wieder im Visier.
Ihnen bleibt keine Zeit, nach der eigenen Waffe zu greifen. Statt dessen packen Sie den Barhocker, der unmittelbar neben Ihnen steht, und schleudern ihn nach dem Attentäter. Treffen Sie den Kerl?
Darüber entscheidet eine Geschicklichkeitsprobe. Sie würfeln eine

1 – 3 → 407

4 – 6 → 428

389

Keine Schwierigkeiten beim Überklettern des Zauns – Sie landen unbeschadet auf der anderen Seite im weichen Erdreich eines Blumenbeets.

Das Grundstück ist riesig, Ihrer Schätzung nach mindestens zweitausend Quadratmeter groß. Die Villa liegt von Ihrem augenblicklichen Standort etwa hundert Meter entfernt. Es ist ein zweigeschossiges, breites Haus, zu dem noch ein flacher Anbau gehört. Der Lichtschein, der aus mehreren Fenstern nach draußen dringt, läßt Sie die Konturen des Anwesens gut erkennen, während Sie selbst von der Dunkelheit in Unsichtbarkeit gehüllt werden.

Dummerweise jedoch gibt es Wächter, die nicht unbedingt auf ihre Augen angewiesen sind, wenn es gilt, Eindringlinge aufzuspüren. Hunde, beispielsweise . . .

410 ⟵

390

Und das Killerkommando kommt – sogar schneller, als Sie gedacht haben. Sie verschanzen sich hinter einem Stapel Fuselkisten und versuchen, mit den paar Patronen, die noch in der Pistole sind, Widerstand zu leisten. Aber dieser ist natürlich zwecklos. Die Killer verfügen über Maschinenpistolen und verwandeln Sie in ein Sieb. Daß dabei auch Hunderte von Schnapsflaschen zu Bruch gehen, mag Ihnen ein schwacher Trost sein.

391

Aus und vorbei – sie haben mehr als 21 Punkte. Aber wer beim Blackjack sieben Karten zieht, sollte sich wirklich nicht wundern, wenn er verliert. → 190

392

Tja, dann hilft alles nichts – Sie müssen Ihren Einsatz noch einmal berappen!

Notgedrungen zahlen Sie → 420

Sie zahlen nicht – weil Sie pleite sind oder weil Sie einfach nur behaupten, pleite zu sein → 3

393

Und ob es interessant ist, was da unten im Souterrain erzählt wird: Werden es die Eishockeyspieler der Chicago Black Hawks schaffen, sich in der Play-off-Runde gegen die kanadischen Teams durchzusetzen? Wer gewinnt den Titel im Mittelgewichtsboxen? Als Sportfan reizt es Sie ungemein, Ihre Kommentare zu den aufgeworfenen Fragen abzugeben, aber das ist unter den gegebenen Umständen wohl nicht empfehlenswert.

Sie versuchen, durch das halboffene Fenster in den Souterrainraum hineinzublikken, haben dabei jedoch nicht viel Erfolg. Die Scheibe besteht aus Milchglas, und der Spalt bietet nur den Ausblick auf eine bunte Blümchentapete. Die Logik spricht allerdings dagegen, daß sich Gloria Morelli dort unten befindet. Vermutlich handelt es sich um einen Aufenthaltsraum von Johnny Rizzos Leuten. Sie bleiben trotzdem auf Lauschposten. Die Kerle können ja nicht ewig über Sport quasseln.

411 ←

394

Was Sie sehen, rührt Sie wie ein Donnerschlag. Das darf doch nicht wahr sein! denken Sie und setzen sich nach Überwinden der Schrecksekunde in Bewegung.

Sie stürzen sich auf den Mann vor dem Schaufenster des Modegeschäfts → 452

Sie rennen zu Ihrem Wagen → 414

395

Scheinen alles normale Nachtschwärmer zu sein, die da auf der Straße zu sehen sind, keine Gefahr also. Wenig später betreten Sie mit dem Mädchen das ›Star‹ und melden sich an der Rezeption. Morelli hat wohl schon auf Sie gewartet, denn trotz der vorgerückten Stunde ist er gleich zur Stelle. Sein Dank ist geradezu überschwenglich, drückt sich nicht zuletzt auch in einem Scheck über 2.000 $ aus, den er Ihnen als Erfolgsprämie überreicht.

Notieren Sie die 2000 $ auf Ihrem Protokoll

Sie verabschieden sich von Vater und Tochter und gehen. Und Sie hätten wohl auch weiterhin das Gefühl gehabt, daß alles in Butter ist, wenn Ihnen beim Verlassen des Hotels nicht ein Mann entgegengekommen wäre, den Sie hier nicht erwartet hätten: Jack Diamond!
Jetzt nimmt Ihr vages Unbehaglichkeitsgefühl doch konkrete Formen an – zu spät allerdings. → 319

396

Auch wenn es in dem Speak ungemütlich und stinklangweilig ist, harren Sie zwei Stunden aus. Dann verlassen Sie die Kaschemme und begeben sich wieder in den Yachthafen. Kurz darauf haben Sie erneut Ihren Beobachtungsposten hinter dem Ruderbootwrack eingenommen.

Und jetzt sieht alles schon viel günstiger aus: Der Lichtschein auf der ›Angelina‹ ist
415 ← erloschen.

397

Ein paar Stunden zuviel, Freund! In der Zwischenzeit sind Ihre Gegenspieler nicht untätig gewesen, was Sie gleich durchschlagend zu spüren bekommen – im wahrsten Sinne des Wortes.

Nachdem Sie das Portal des Zeitungshauses durchschritten haben, können Sie noch genau drei Schritte machen. Dann trifft Sie die tödliche Kugel des Killers, der in einem vornehmen Cadillac auf Sie gewartet hat.

Scheint so, daß Sie durchaus auf der richtigen Spur waren und nur den falschen Jahrgang der *Chicago Tribune* durchgeackert haben …

398

Und Sie wären auch gar nicht mehr dazu gekommen, ihm eine Antwort zu geben, denn in diesem Augenblick wird eine Hintertür aufgerissen und ein Mann stürmt herein. Der Mann hat sich ein Tuch vor das Gesicht gebunden, trägt einen Mantel mit einer auffälligen Gürtelschnalle und hat eine Pistole in der Hand, die sich auf Luke Morelli richtet.
Haben Sie diese Szene – mit demselben Mann – in einer beinahe identischen Situation schon einmal erlebt?

Und ob! → 422

Die Situation ist völlig neu für Sie → 479

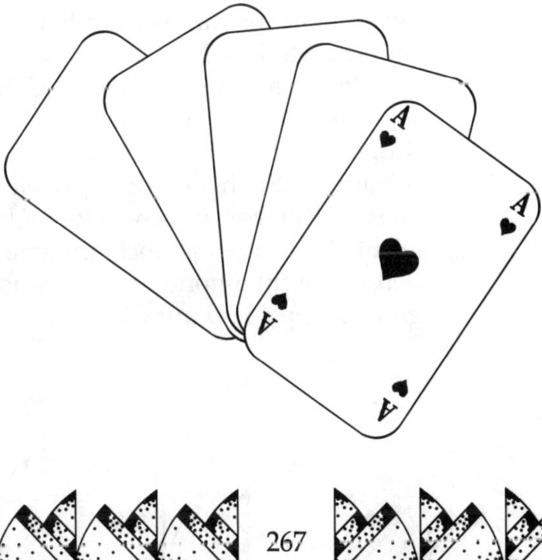

399

Langsam können sie sich die Hintergründe zusammenreimen. Ganz klar, daß Morelli seiner richtigen Tochter, Mary-Lou also, den Löwenanteil seines Erbe zukommen lassen wollte und ihr deshalb das Codewort ›Morgenröte‹ bekanntgegeben hatte. Mary-Lou, verknallt bis über beide Ohren, hatte ihren Geliebten Frank Miller eingeweiht. Und da lag natürlich auch Millers Mordmotiv – erst wenn Morelli tot war, kam sein ›Testament‹ zur Geltung. Indirekt waren Sie sozusagen sogar Millers Schrittmacher. Anscheinend wußten weder er noch Mary-Lou, wo sich Luke Morelli aufhielt. Erst indem sich der verbrecherische Lehrer an Ihre Fersen heftete, kam er Morelli auf die Spur.

Nun, Miller hat seine gerechte Strafe bekommen. Und Mary-Lou ist ebenfalls gestraft. Sie hat ihren Geliebten verloren – und die Million. Nur allzu gerecht, finden Sie, denn nach dem Gesetz ist Gloria nach wie vor Luke Morellis Tochter.

Klopfen Sie sich selbst dreimal auf die Schulter – Sie haben den ganzen komplizierten Fall vorbildlich gelöst. Und vielleicht steht Ihnen ja noch ein ganz besonderes Abschlußhonorar ins Haus – das große Happy-End mit Gloria . . .

685 ←

400

Der Bankhalter ist, wie sein schmallippiges Lächeln zeigt, mit dieser Karte sehr zufrieden. Prompt verdoppelt er Ihren Einsatz. Dann nimmt er sich seine zweite Karte, die Sie auswürfeln:

1 → 454

2 → 464

3 → 471

4 → 482

5 → 492

6 → 502

401

Sie stehen vor dem ›Black Fish‹ in der Poll Street und denken nach. Irgendwie irritiert es Sie sehr, daß Sie praktisch nichts über Luke Morelli wissen, und Sie überlegen krampfhaft, wie Sie diesem Übelstand abhelfen können. Sollten Sie vielleicht hier draußen warten, bis er herauskommt, und ihm dann heimlich folgen? Auf diese Weise könnten Sie in Erfahrung bringen, wo er seinen Wohnsitz hat.
Natürlich wäre diese Aktion mit einem gewissen Risiko verbunden. Wenn Ihnen Morelli auf die Schliche käme, dürfte er ganz schön sauer sein. Vielleicht wäre es klüger, diesem Rechtsanwalt Foxstone ein bißchen auf den Zahn zu fühlen.
Und dann gäbe es noch eine dritte Möglichkeit: Sie könnten versuchen, beim Personal des ›Black Fish‹ Erkundigungen einzuholen. Wie entscheiden Sie sich?

423 ← Sie wollen sich im ›Black Fish‹ umhören

43 ← Sie entschließen sich, bis morgen früh zu warten und dann Foxstone aufzusuchen

540 ← Sie warten darauf, daß Morelli herauskommt

63 ← Sie tun nichts dergleichen, da Ihnen die Identität Luke Morellis letzten Endes doch piepegal ist

402

→ 384

403

»So«, sagt Jack Diamond, »jetzt wissen Sie alles. Wenn Sie unter diesen Umständen nicht weiter für Mr. Morelli arbeiten wollen . . .« Er zuckt die Achseln.

421 ← Sie steigen aus, denn für Gangster wollen Sie nicht arbeiten

443 ← Sie wollen auch jetzt noch nach Morellis Tochter suchen

404

Wie es scheint, kocht Ihr ›sechster Sinn‹ gegenwärtig auf Sparflamme. Hoffentlich rächt sich das nicht in absehbarer Zeit auf höchst unangenehme Weise. Nun, dann
228 ← fahren und träumen Sie mal weiter.

405

Ein paar Tage später lesen Sie in der Zeitung, daß Luke Morelli ermordet worden ist. Die Beschreibung des noch unbekannten Täters paßt verblüffend auf einen Mann, den Sie ganz gut kennen – auf Frank Miller nämlich.

Dennoch sollten Sie sich dadurch nicht in Ihrer Entführungstheorie bestätigt sehen. Die Zusammenhänge sind ganz anders, als Sie auch nur ahnen können. Kurz gesagt: Der Fall Gloria Morelli war ganz einfach ein paar Nummern zu groß für Sie . . .

406

Mit Ihrer detektivischen Meisterschaft ist es wohl doch nicht so weit her. Ein ernsthafter Detektiv rät nämlich nicht, sondern sondiert sorgfältig.
Wie dem auch sei – in jedem Fall müssen Sie jetzt zum Hotel ›Star‹ fahren und mit Morelli reden, ohne über seine Identität Bescheid zu wissen.
Haben Sie eigentlich den Lehrer Frank Miller als Mitarbeiter verpflichtet?

Ja → 271

Nein → 310

407

Der Barhocker verfehlt den Killer, und dieser hat somit Gelegenheit, einen zweiten Schuß abzufeuern. Und diesmal hat er gut gezielt, wie ein erstickter, gequälter Laut aus Luke Morellis Kehle beweist.
Der maskierte Mordschütze dreht sich auf dem Absatz um und verschwindet durch die Eingangstür. Sie setzen ihm nicht nach, beugen sich statt dessen über den am Boden liegenden Morelli. Aber Sie erkennen gleich, daß jede Hilfe zu spät kommt. Das weiße Hemd unter seinem Maßanzug hat sich in Höhe seines Herzens blutrot gefärbt. Ihr Auftraggeber rührt sich nicht mehr, starrt Sie nur, für immer schweigend, mit gebrochenen Augen an. Er ist tot. → 485

408

Sie registrieren diese Karte nicht gerade mit Begeisterung. Und schon tut der Bankhalter das, was Sie befürchtet haben: Er verdoppelt Ihren Einsatz.
Dann nimmt er sich seine zweite Karte, die Sie für ihn auswürfeln:

454 ← 1

464 ← 2

471 ← 3

482 ← 4

492 ← 5

502 ← 6

409

Ein Objekt zieht Ihre Blicke an wie ein mächtiger Magnet. Mit angehaltenem Atem treten Sie näher. Was Sie so über alle Maßen fasziniert, ist

das Bild an der Wand → 425

der Koffer auf dem Schrank → 449

der Mantel auf dem Bett → 511

die Zeitung auf dem Nachttisch → 468

410

Ein dunkler Schatten, bedrohlich groß, jagt über den gepflegten Rasen zwischen Haus und Zaun mit erschreckender Geschwindigkeit auf Sie zu – ein Hund, zweifellos. Jetzt ist er nur noch wenige Meter von Ihnen entfernt. Er bellt nicht, dieser vierbeinige Wachposten, aber sein grollendes Knurren läßt Böses erahnen. Kühlen Kopf bewahren, das ist das Gebot des Augenblicks.

Legen Sie eine Probe Ihrer Nervenstärke ab. Sie würfeln eine

1 → 430

2 oder 3 → 470

4 bis 6 → 447

411

Ihre Geduld wird belohnt. Die Männer im Souterrain haben inzwischen das Thema gewechselt – jetzt kreisen die Gespräche um Frauen. Und sehr bald fällt auch der Name, der Ihren Adrenalinspiegel stoßartig ansteigen läßt: Gloria Morelli.

»Hübscher Käfer«, stellt einer der Kerle fest. »Hätte dem alten Luke so eine Tochter gar nicht zugetraut.«

»Yeah«, gibt ein zweiter seinen Senf dazu, »schade, daß wir sie nicht hier in Cicero haben. Ich würde ihr gerne mal . . .«

Ein heiseres Knurren in Ihrem Rücken hindert Sie daran, weiter zuzuhören. Der Riesenschnauzer ist wieder da . . .

432 ←

412

Bellamy Company! Sie können es gar nicht erwarten, ein Telefonbuch in die Hand zu bekommen, um nachzusehen, ob die Firma drinsteht. Und wenn Sie die Adresse ermitteln können, dann werden Sie unverzüglich hinfahren. Es ist zwar inzwischen längst Mitternacht durch, und Sie sind nach den Anstrengungen des Tages rechtschaffen müde, aber Befreiungsaktionen lassen sich nun einmal in der Dunkelheit am besten über die Bühne bringen. Und wer will schon vorhersagen, was Rizzo und seine Leute morgen mit Gloria Morelli anstellen? Jetzt oder nie, das muß Ihre Devise sein.

433 ←

413

Natürlich kommt Ihnen der naheliegende Gedanke, Schnapsflaschen zu zerschlagen und mit den spitzen Scherben zu Werke zu gehen. Aber sind Sie auch geschickt genug, eins der Drahtgeflechte aus seiner Verankerung zu lösen?
Eine entsprechende Probe wird es zeigen. Sie würfeln eine

1 – 3 → 434

4 – 6 → 453

414

Fünf Minuten nach vier. Oder auch: fünf Minuten nach zwölf! Wild Ihre Armbanduhr verwünschend, die irgendwann heute oder auch schon in der vergangenen Nacht stehengeblieben sein muß, erreichen Sie Ihren Wagen und springen hinein. → 494

415

Der Zeitpunkt für Ihren Auftritt dürfte gekommen sein. Haben Sie Luke Morelli gesagt, was Sie hier heute abend vorhaben?

Ja → 437

Morelli kann nichts davon wissen, weil er schon tot ist bzw. Sie ihm nichts gesagt haben → 57

416

Es sind einige Leute in Ihrem Blickfeld – ganz normale Nachtschwärmer, wie es scheint. Aber dieser Mann, der da gerade das Hotel betritt . . .
Unwillkürlich halten sie den Atem an. Sie sind sich nicht ganz sicher, weil Sie den Mann nur ganz kurz von der Seite gesehen haben. Aber wenn Sie sich nicht allzusehr getäuscht haben, dann war das niemand anders als . . . Jack Diamond.
Was tun?

436 ← Sie liefern Gloria bei ihrem Vater ab und warnen ihn natürlich vor Diamond.

455 ← Sie kehren dem ›Star‹ den Rücken und bringen Gloria lieber in Ihr Wohnbüro

417

Es ist ein mehr als mühseliges Geschäft, in einem Zeitungsarchiv einen ganzen Jahrgang durchzublättern. Wenn man im Januar anfängt, steht das Gesuchte mit größter Wahrscheinlichkeit im Dezember. Und wenn man Silvester einsteigt . . .
Nun, Sie werden, konventionell am Jahresanfang gestartet, schon im April fündig, und zwar in einem Maße, wie Sie es zwar erhofft, aber nicht wirklich erwartet hatten. Unter der Titelüberschrift JUNGES GLÜCK BRUTAL ZERSTÖRT finden Sie ein zugehöriges Bild . . .

501 ←

418

Nichts Halbes und nichts Ganzes, diese Karte. Das scheint der Bankhalter auch zu denken, denn er greift mit leicht mißvergnügter Miene nach seiner zweiten Karte. Sie dürfen wieder für ihn würfeln:

1 → 454

2 → 464

3 → 471

4 → 482

5 → 492

6 → 502

419

Am nächsten Morgen fahren Sie und Gloria gemeinsam zu Rechtsanwalt Foxstone. Frank Millers letzte Worte – darüber haben Sie Gloria natürlich ebenfalls unterrichtet – lassen den Besuch bei Luke Morellis Vertrauensmann sehr ratsam erscheinen.

Foxstone, ein äußerst seriös wirkender Mann mit silbergrauem Haar, empfängt Sie in seinem pompösen Büro im Loop, dem Wolkenkratzerviertel Chicagos. Er ist über den Tod seines Mandanten bereits im Bilde und spricht Gloria sein Beileid aus. Offenbar weiß er nicht, daß das Mädchen gar nicht die richtige Tochter Morellis ist.

»Ich kann mir schon denken, warum Sie gekommen sind«, sagt er. »Mit dem Tod Ihres Vaters wird sein Testament rechtskräftig. Wenn Sie mir dann das Codewort nennen würden . . .«

Codewort? Gloria und Sie tauschen einen Blick. Dann sagen Sie:

438 ← »Der . . . der . . . Schlüssel!«

459 ← »Wir wissen von keinem Codewort.«

420

Pech, diese Runde ging an den Gegner. Aber Sie müssen sich dadurch ja nicht entmutigen lassen. Wollen Sie es noch einmal versuchen und weiterspielen – wenn Sie noch genug Kleingeld in der Tasche haben, versteht sich? Oder wollen Sie lieber aufhören?

Streichen Sie den Verlust auf dem Protokoll ab

Auf ein neues —> 131

Schluß für heute —> 225

421

Sind sie sicher, daß Sie nicht nur deshalb aussteigen, weil Ihnen die ganze Sache zu heiß ist? Das ist es nicht? Na schön, dann sei Ihnen Ihre Ehrenhaftigkeit geglaubt. Allerdings sollten Sie sich vor Augen führen, daß im Chicago der 30er Jahre das Gangstertum überall sprießt und gedeiht. Ein Detektiv, der davon nichts wissen will, kann keinen Erfolg haben. Wechseln Sie also den Beruf oder wandern Sie aus, nach Old Germany vielleicht . . .

422

Dieselbe Szene wie im ›Star‹, dasselbe Ergebnis?

Nicht ganz, denn diesmal kommen Sie nicht dazu, Luke Morelli aus der Schußlinie zu befördern. Diesmal schießt der Killer schneller – und besser. Morelli röchelt auf, fällt mit dem Kopf und Oberkörper auf die Tischplatte, rührt sich nicht mehr.

Sie lassen sich vom Stuhl fallen, rollen sich ab und versuchen dabei, Ihre eigene Pistole zu ziehen. Aber der Mordschütze hat es nicht auf Sie abgesehen. Er hat sich bereits umgedreht und tritt den Rückzug an.

439 ← Sie wissen, welches Gesicht sich hinter dem Tuch des Mörders verbirgt

498 ← Sie wissen nicht, wer der Maskierte ist

423

Da es nicht klug wäre, wieder ins ›Black Fish‹ zu gehen, solange Morelli und Diamond noch da sind, setzen Sie sich in Ihren Chevy und warten.
Nach einer halben Stunde sind die beiden immer noch nicht zum Vorschein gekommen. Aber das wundert Sie nicht weiter. Vermutlich hat Ihr Auftraggeber mit seinem Gehilfen das Lokal längst durch den Hinterausgang in der Clark Street verlassen.
Also steigen Sie aus und marschieren zum Restaurant hinüber. Der Geruch nach schwer verbranntem Fisch ist noch intensiver geworden. Deshalb verzichten Sie darauf, eine der Spezialitäten des Hauses zu probieren, sondern machen sich direkt an den Mann hinter der Theke ran.
Er erinnert sich daran, daß Sie vorhin eine Besprechung mit Mr. Morelli hatten. Und er nimmt Ihnen auch ab, daß Mr. Morelli versehentlich Ihr goldenes Feuerzeug eingesteckt hat, das Sie unbedingt wiederhaben müssen.
Ob er weiß, wer Morelli ist und wo er wohnt?
Ein gelegentlicher Gast, mehr kann er auch nicht sagen. Aber es könnte sein, daß er sich irgendwo Morellis Telefonnummer notiert hat. Bei dieser Bemerkung grinst er

Lesen Sie weiter auf Seite 284

Noch 423

breit und fragt, was es Ihnen denn wert wäre, wenn er nach der Nummer sucht. Sie bieten ihm

440 ← keinen roten Cent

460 ← 5 Dollar

480 ← 20 Dollar

499 ← 100 Dollar

424

Ihr ›sechster Sinn‹ ist auch dann voll funktionstüchtig, wenn Sie tiefgründige Überlegungen anstellen. Schon bald haben Sie das Gefühl, verfolgt zu werden. Blicke in den Rückspiegel geben zwar keine konkreten Aufschlüsse – die Straße nach Chicago ist ziemlich stark befahren, so daß ständig irgendwelche Autos hinter Ihnen sind. Aber Sie sind sich doch ganz sicher: Da war einer, der sich an Ihren Chevy gehängt hat.

Als Sie noch rund zehn Kilometer von der Stadt entfernt sind, wollen Sie Gewißheit. Kurz entschlossen lenken Sie den Wagen auf den Parkplatz des nächsten Motels und halten an. Entlarvt sich nun der mutmaßliche Verfolger? Nein, es sieht nicht danach aus. Alle nachfolgenden Fahrzeuge fahren geradeaus weiter.

Aber das will natürlich nichts besagen. Der Kerl könnte ja ein Stück weiter stehenbleiben und darauf warten, daß Sie wieder zum Vorschein kommen. Soll er warten, sagen Sie sich gehässig und gehen in das Motel, um in aller Gemütsruhe einen Becher Kaffee zu trinken.

Eine Viertelstunde später treten Sie wieder nach draußen.

Sie fahren direkt weiter → 442

Sie unterziehen die Autos auf dem Parkplatz einer Inspektion → 463

425

Hübsches Bild. Ein bißchen kitschig vielleicht, aber über Geschmack läßt sich bekanntlich nicht streiten. Wenn Sie so fasziniert davon sind, dann fragen Sie doch mal die Pensionswirtin, ob sie es Ihnen verkaufen will. Die Frau taucht nämlich gerade im Türrahmen auf.

487 ←

426

Unschlüssig mustert der Bankhalter die Karte. Will er etwa den Einsatz verdoppeln? Nein, er wagt es nicht. Ohne etwas zu sagen, greift er nach seiner zweiten Karte.
Sie dürfen wieder für ihn auswürfeln:

1 → 454

2 → 464

3 → 471

4 → 482

5 → 492

6 → 502

427

Wohl oder übel gehen Sie ohne Miller ins ›Star‹. Ein kurzes Gespräch an der Rezeption, dann bekommen Sie Bescheid, daß Luke Morelli Sie in seinem Zimmer erwartet.

Ihr Auftraggeber ist ganz begierig darauf, zu hören, was Sie in Erfahrung gebracht haben. Als Sie ihm berichten, daß seine Tochter entführt wurde, scheint er nicht sonderlich überrascht zu sein. Offenbar hatte er diese Möglichkeit bereits in Betracht gezogen.

Ihre Behauptung, daß Sie den Täter – Frank Miller nämlich – bereits entlarvt haben, löst allerdings eine verblüffende Reaktion aus. Morelli fängt laut an zu lachen. Dieses Lachen soll ihm jedoch gleich vergehen . . .

448 ←

428

Der Barhocker prallt gegen den Killer und bringt ihn aus dem Gleichgewicht. Der zweite Schuß, den er gerade auf Morelli abfeuert, verfehlt sein Ziel und bohrt sich in die holzvertäfelte Bar.

Der Maskierte stößt einen heiseren Fluch aus, dreht sich auf dem Absatz um und verchwindet durch die Eingangstür der Bar. Sie setzen ihm nicht sofort nach, sondern fingern zuerst nach Ihrer eigenen Waffe. Als Sie die 38er Special schußbereit haben, nehmen Sie die Verfolgung auf.

Aber Sie kommen zu spät. Von dem Maskierten ist nichts mehr zu sehen, weder in dem kleinen Foyer des Hotels noch auf der Straße. Ihre Pistole wieder wegsteckend, kehren Sie in die Bar zu Luke Morelli zurück. —> 446

429

Nun, Sie sind wenigstens ehrlich sich selbst gegenüber und klopfen nicht wild auf den Busch. Bei der Unterredung im Hotel ›Star‹, die Sie gleich mit Morelli führen werden, erfahren Sie ja vielleicht auch in dieser Beziehung einiges.

Haben Sie eigentlich den Lehrer Frank Miller als Mitarbeiter verpflichtet?

Ja —> 271

Nein —> 310

430

Ihre Nerven halten der Belastung nicht stand. Dieses Vieh, das da heranjagt, ist kein normaler Hund. Es ist eine wilde Bestie, ein tiefschwarzes Ungetüm mit mörderisch gebleckten weißen Zähnen, die Sie unzweifelhaft in tausend Stück zerreißen werden. Da gibt es nur eins: Flucht!
Als das Ungeheuer gerade dazu ansetzt, nach Ihnen zu schnappen, recken Sie die Arme, packen die Krone des Zauns und ziehen sich blitzschnell hoch. Die Mordzähne schnappen ins Leere und geben dabei ein markerschütterndes Geräusch von sich. Enttäuscht heult der Hund auf, läßt dann ein wütendes Bellen folgen.
Das gibt Ihnen den Rest, denn Sie sind davon überzeugt, daß der verdammte Köter die ganze Villa rebellisch macht. Sie springen auf der anderen Seite des Zauns nach unten und eilen hastig zu Ihrem Chevy zurück.

489 ←

431

→ 409

432

Die ganz große Chance, jetzt etwas über Gloria Morelli in Erfahrung bringen zu können, wollen Sie sich nicht vermasseln lassen. Geradezu wütend wenden Sie den Kopf nach hinten und fauchen den mit gebleckten Zähnen dastehenden Hund an: »Hau ab, sonst . . .«

Und siehe da, der Schnauzer pariert. Leute, die keine Angst vor ihm haben, sind wohl nicht sein Fall. Sie können sich wieder der
450 ← Unterhaltung im Souterrain widmen.

433

In einem durchgehend geöffneten Schnellimbiß treiben Sie ein Telefonbuch auf. Es stehen eine ganze Reihe ›Bellamys‹ drin, aber nur bei dreien scheint es sich um Firmen zu handeln – eine in Harvey, eine in Evergreen Park und eine in East Chicago. Zur Not müssen Sie alle drei abklappern, auch wenn gute Aussichten bestehen, daß Sie gleich bei der ersten – und naheliegendsten – fündig werden. Sie steigen
451 ← wieder in Ihren Wagen und fahren los.

434

Bei Ihren recht stümperhaften Versuchen am Drahtgeflecht holen Sie sich lediglich blutige Finger. So bleibt Ihnen leider nichts anderes übrig, als auf das Killerkommando
390 ← zu warten.

435

Angesichts dieser besch . . . eidenen Karte versuchen Sie, den Bankhalter durch ein siegesgewisses Lächeln etwas zu verunsichern. Aber der Mann läßt sich nicht irritieren. Geradezu nonchalant greift er nach seiner zweiten Karte.
Sie dürfen wieder für ihn auswürfeln:

1 → 454

2 → 464

3 → 471

4 → 482

5 → 492

6 → 502

436

Wenig später betreten Sie mit dem Mädchen das ›Star‹ und melden sich an der Rezeption. Morelli hat wohl schon auf Sie gewartet, denn trotz der vorgerückten Stunde ist er gleich zur Stelle. Sein Dank ist geradezu überschwenglich, drückt sich nicht zuletzt auch in einem Scheck über 2.000 $ aus, den er Ihnen als Erfolgsprämie überreicht.

Als sie ihm sagen, daß möglicherweise Jack Diamond vor ein paar Minuten das Hotel betreten hat, lacht er.

»Da müssen Sie sich aber schwer getäuscht haben, mein Lieber«, sagt er kopfschüttelnd. »Diamond würde es niemals wagen, sich hier blicken zu lassen. Er weiß nur zu gut, was ihm blüht, wenn ich ihn zu fassen kriege.«

Sie geben sich mit diesen Worten zufrieden, verabschieden sich von Vater und Tochter und gehen. Bilden Sie sich aber nun nicht ein, daß Sie alles bestens geregelt
319 ← haben, denn . . .

437

Sie haben sich zwar gewundert, daß Ihr Auftraggeber bei der Befreiung seiner Tochter keine aktive Rolle spielen wollte, sind aber jetzt ganz froh, niemanden bei sich zu haben. Gute Detektive sind nun mal die geborenen Einzelkämpfer – wie
456 ← Sie gleich beweisen werden . . .

438

»Stottern sie?« erkundigt sich der Rechtsanwalt mitfühlend.
»N . . . nein«, antworten Sie leicht betreten.
Sie ahnen schon, daß Ihr Schuß ins Blaue ein Fehlschuß war.
Und so ist es dann auch.
»Ich dachte mir, daß Sie den Schließfachschlüssel haben möchten. Aber Sie müssen mir schon das von Mr. Morelli festgelegte Codewort nennen, sonst . . .«
Nun müssen Sie eingestehen, daß Sie kein Codewort kennen. Damit hat sich Ihr Besuch bei Foxstone schon erledigt – kein Codewort, kein Erbe! Mit höflichen Worten werden Sie und Gloria von dem Rechtsanwalt verabschiedet.

→ 478

439

Ja, Sie wissen, daß der Killer Frank Miller ist. Und Sie wissen auch, wo er wahrscheinlich zu finden sein wird. Deshalb verzichten Sie darauf, ihm nachzusetzen, und kümmern sich statt dessen um Morelli. Aber Sie erkennen sofort, daß hier jede Hilfeleistung zu spät kommt.
Luke Morelli ist tot.

→ 458

440

Eins sei Ihnen an dieser Stelle gesagt: Ohne kleine Gefälligkeiten läuft in einer Stadt wie Chicago gar nichts. Da Ihnen diese Erkenntnis offenbar noch nicht gekommen ist, haben Sie zweifellos Ihren Beruf verfehlt. Sie eignen sich nicht zum Detektiv und sollten sich einen anderen Job suchen. Vergessen Sie also Luke Morelli und seine verschwundene Tochter und werden Sie Müllmann . . .

441

Ein herber Schicksalsschlag für Sie, denn unter den gegebenen Umständen sind Sie gezwungen, Ihren letzten Einsatz nochmals an den Bankhalter zu berappen – in dreifacher Höhe!

420 ← Notgedrungen zahlen Sie

3 ← Sie zahlen nicht – weil sie pleite sind oder auch, weil Sie einfach nur behaupten, pleite zu sein

442

Sie haben wohl kein rechtes Vertrauen in Ihren ›sechsten Sinn‹, wie? Nun denn, dann fahren Sie mal sorglos weiter. → 228

443

Jack Diamond ist echt beeindruckt davon, daß Sie weitermachen. Kumpelhaft klopft er Ihnen auf die Schulter und sagt: »Ich wußte doch, daß wir in Ihnen genau den richtigen Mann gefunden haben.« Dann wünscht er Ihnen noch viel Glück bei der Suche nach der verschwundenen Gloria und wendet sich zum Gehen.
Gibt es vielleicht noch etwas, was Sie ihn fragen wollen? Legen Sie eine Cleverneßprobe ab. Sie würfeln

1 – 2 → 462

3 – 4 → 483

5 – 6 → 517

444

Luke Morelli ist ein Gangster! Sie lassen sich diesen Satz noch einmal ganz langsam durch den Kopf gehen und bekommen plötzlich Bedenken.

Wenn Morelli seine eigene Tochter entführt hat, dann will er doch wahrscheinlich gar nicht, daß Sie sie finden. Mit Ihrer Beauftragung muß er also irgend etwas ganz anderes bezwecken. Er benutzt Sie irgendwie! Wäre es unter diesen Umständen nicht vielleicht doch klüger, aus der ganzen Sache auszusteigen und statt mit Ihrem Auftraggeber zu reden, lieber eine kleine Urlaubsreise anzutreten – irgendwohin, wo Morelli und sein Gehilfe Diamond sie nicht aufspüren können?

527 ← Kommt nicht in Frage – Sie reden mit Morelli

467 ← Genau das – Sie hauen für ein paar Wochen ab aus Chicago

445

Wenn Sie eins hassen, dann sind das Asse beim Gegner. Der Bankhalter sieht das begreiflicherweise ganz anders. Er schenkt Ihnen ein sattes Grinsen und verdoppelt Ihren Einsatz. Dann nimmt er seine zweite Karte.
Sie dürfen wieder für ihn auswürfeln:

1 → 454

2 → 464

3 → 471

4 → 482

5 → 492

6 → 502

446

Luke Morelli hat sich inzwischen wieder aufgerappelt und klopft sich gerade den Staub von seinem Maßanzug. Er hat den hinterlistigen Anschlag unbeschadet überstanden. Dankbar streckt er Ihnen die Hand entgegen. »Schätze, Sie haben mir das Leben gerettet«, sagt er.

»Reden wir nicht darüber«, wehren Sie lässig ab. »Wer war der Killer? Einer der Leute dieses ... Rizzo?«

Morelli antwortet Ihnen nicht sofort, denn inzwischen hat die Schießerei das Hotel aufgeschreckt. Angehörige des Personals und andere Gäste drängen in die Bar. Es bedarf allerdings nur einer herrischen Geste Morellis, um sie alle wieder nach draußen zu treiben.

»Rizzo?« nimmt er den Faden wieder auf. »Nein, das halte ich für ausgeschlossen.«

»Ich denke, er will Sie ... hm ... ausschalten«, halten Sie entgegen.

Morelli nickt. »Das stimmt. Aber er könnte durch meinen Tod nichts gewinnen. Das Gegenteil ist der Fall.«

Morellis Worte sind Ihnen nicht so ganz verständlich, aber Sie erkennen, daß er über dieses Thema nicht weiter reden will.

»Wenn der Killer nicht von Rizzo kommt – von wem dann?« wollen Sie wissen.

Morelli zuckt die Achseln. »Finden Sie es heraus«, sagt er. »Aber was jetzt viel wichtiger ist – finden Sie meine Tochter. Und da kommt nur Johnny Rizzo in Frage.«

469 ←

447

Sie bleiben eiskalt bis ins Mark und geraten auch nicht in Panik, als der Hund unmittelbar vor Ihnen steht. Er ist wirklich riesengroß, grauschwarz und ziemlich struppig, ein Riesenschnauzer offenbar. Er bleckt mörderisch die schneeweißen Zähne, und auch das grollende Knurren ist nicht leiser geworden. Der Umstand jedoch, daß Sie keinerlei Angst zu erkennen geben, scheint die Bestie zu irritieren. Er macht keine Anstalten, Sie anzuspringen, steht nur da und starrt Sie aus seinen glänzenden Augen an.
»Guter Hund«, sagen Sie mit ruhiger, beherrschter Stimme, »braves Kerlchen.«
Dann nehmen Sie Ihren ganzen Mut zusammen, strecken die Hand aus und tätscheln behutsam den muskulösen Hals des Tiers. Das scheint dem Schnauzer zu gefallen. Sein Grollen wird leiser, verstummt schließlich völlig. Augenblicke später ist er sogar bereit, Ihnen aus der Hand zu fressen. Und als Sie ihm sagen, daß er nun an anderer Stelle nach Eindringlingen suchen soll, trollt er sich gehorsam und verschwindet irgendwo in der Dunkelheit. Er wird Sie nicht weiter belästigen.

—> 304

448

Urplötzlich wird die Tür des Zimmers aufgerissen. Ein Mann steht im Rahmen, eine Pistole in der Hand:
Frank Miller!
Der Lehrer feuert. Luke Morelli stöhnt auf. Sein schneeweißes Hemd färbt sich tiefrot. Er bricht zusammen. Da schießt Frank Miller zum zweiten Mal.
Sie spüren einen furchtbaren Schlag gegen die Brust, ein entsetzliches Brennen, das sich wie Feuer in Ihr Herz hineinfrißt. In dem Bewußtsein, den Fall fast gelöst zu haben, und tröstlicherweise nicht ahnend, daß Sie völlig auf dem Holzweg waren, hauchen Sie Ihr Leben aus . . .

449

Der Koffer fasziniert Sie also. Weil Sie vermuten, daß lauter Hundert-Dollar-Scheine drin sind, die Sie sich jetzt unter den Nagel reißen können? Fragt sich, was die Pensionswirtin davon hält. Die taucht nämlich
487 ← gerade im Türrahmen auf.

450

». . . im Hafenlager der Bellamy Company bestens untergebracht«, hören Sie. »Kein Aas würde sie da vermuten.«
Und dann folgt ein neuerlicher Themawechsel. Jetzt reden die Burschen über den Vertrieb von schwarzgebranntem Whiskey, was Sie nun wirklich nicht interessiert. Außerdem wissen Sie ja inzwischen alles, was Sie in Erfahrung bringen wollten: Gloria Morelli ist nicht hier in der Villa, sondern im Lager einer Firma namens Bellamy Company.
Einem guten Detektiv kann man eben nichts verheimlichen, denken Sie, während Sie sich aus Ihrer geduckten Haltung aufrichten. Zeit, Johnny Rizzos Anwesen den Rücken zu kehren. → 474

451

Alle drei Stadtteile befinden sich im Süden von Chicago. Und dahin kommt man am schnellsten über den Lake Shore Drive, der am links davon liegenden Michigansee vorbeiführt. An der nächsten Kreuzung müssen Sie sich dann allerdings entscheiden, in welche Richtung Sie weiterfahren wollen. → 537

452

Was, zum Teufel, hat Ihnen dieser Mann getan? Sie kennen ihn doch gar nicht!
Das merken Sie spätestens in dem Moment, in dem Sie ihn grob an der Schulter packen, herumreißen und in ein völlig fremdes Gesicht starren. Daß Sie sogleich zu einer Entschuldigung ansetzen, rettet die Situation auch nicht. Der Mann macht nämlich ein ungeheures Geschrei, brüllt irgendwas von Mord und Totschlag auf offener Straße und sorgt für einen mittelgroßen Menschenauflauf. In Sekundenschnelle sind auch zwei Cops zur Stelle. Bis sie den beiden klargemacht haben, daß es sich um ein bedauerliches Mißverständnis handelt, vergeht fast eine halbe Stunde. Und dann ist es halb fünf!
Statt den Mann anzufallen, hätten Sie besser einen Blick auf die Uhr vor dem Modegeschäft geworfen. Dann wäre Ihnen bestimmt aufgefallen, daß Ihre Armbanduhr steht. Ob Sie jetzt noch rechtzeitig zu Ihrem Rendezvous in der Poll Street kommen? Na, versuchen können Sie es ja mal.

472 ←

453

An Ihnen ist glatt ein Handwerker verloren gegangen. Sozusagen in Rekordzeit haben Sie das Drahtgeflecht eines Fensters besiegt und schlüpfen in die Freiheit.
Und nun nichts wie weg – bevor das Killerkommando kommt.

473 ←

454

Das Blatt ist entwicklungsfähig, dieser Gedanke steht dem Bankhalter auf der schwitzenden Stirn geschrieben. Er nimmt seine dritte Karte.
Sie würfeln

1 → 513

2 → 521

3 → 533

4 → 541

5 → 550

6 → 561

Der Bankhalter spielt falsch, denn die Karte, die er gerade gezogen hat, halten Sie schon in der Hand → 294

455

Gloria hat überraschenderweise nichts dagegen, daß Sie sie nicht bei Ihrem Vater abliefern, ist sogar ganz froh darüber.

Sie erzählt Ihnen, daß sie ihren Daddy eigentlich kaum kennt. Sie ist schon als Kleinkind zu Pflegeeltern gegeben worden, und zwar zu Leuten namens Frazetta. Als die Pflegeeltern dann bei einem Autounfall ums Leben kamen, wurde sie zusammen mit deren Tochter von Morelli in diversen Privatinternaten untergebracht. In gewissen Abständen hat Morelli sie besucht, aber sie hatte dabei eigentlich immer den Eindruck, daß es ihm mehr um Mary-Lou als um sie selbst ging.

Diese Erklärungen des Mädchens geben Ihnen irgendwie schwer zu denken.

356 ←

456

In leicht geduckter Haltung huschen Sie auf die ›Angelina‹ zu, stehen dann direkt vor dem Hausboot, nur noch durch etwa drei Meter Wasserfläche davon getrennt. Dunkel? Ist da wirklich alles dunkel?

Legen Sie eine Probe Ihres Beobachtungsvermögens ab. (Wenn Sie gerade Bourbon getrunken haben, müssen Sie das Niveau um eine Stufe senken.) Sie würfeln eine

475 ← 1 oder 2

495 ← 3 bis 6

457

Mit weit aufgerissenen Augen und offenem Mund starren Sie das Foto an. Währenddessen drehen sich die kleinen Rädchen in Ihrem Kopf. Als Sie in der Nacht Ihren Spekulationen freien Lauf ließen, hatten Sie nicht wirklich geglaubt, daß Sie auf der richtigen Fährte sind. Nun aber bestehen für Sie praktisch keine Zweifel mehr. Sie wissen, wer die Frau auf dem Zeitungsfoto aus dem Jahre 1929 ist, nicht wahr?

Schreiben Sie Ihre Antwort vor dem Weiterlesen auf einen Zettel.

→ 477

458

Wenig später haben Sie der eingetroffenen Mordkommission sehr viele Fragen zu beantworten. Aber Sie beschränken sich bei Ihren Antworten auf das Nötigste. Vor allem sagen Sie nichts davon, daß Sie über die Identität des Mörders im Bilde sind. Frank Miller ist Ihr Mann!

→ 577

459

»Tja«, sagt Foxstone mit einer Miene, die aufrichtiges Bedauern ausdrückt, »ohne das von Mr. Morelli festgelegte Codewort kann ich Ihnen den Schließfachschlüssel nicht aushändigen.«
Damit hat sich Ihr Besuch bei Foxstone schon erledigt – kein Codewort, kein Erbe! Mit höflichen Worten werden Sie und Gloria von dem Rechtsanwalt verabschiedet.

→ 478

460

Das erwartungsfrohe Lächeln des Mannes hinter der Theke ist wie weggewischt. Daß Sie seine Dienste so gering erachten, kränkt ihn so sehr, daß er Ihnen unverzüglich die Tür weist. Jetzt können Sie nur noch

43 ← morgen früh Ihr Glück bei Rechtsanwalt Foxstone versuchen

63 ← aufhören, Morellis Identität nachzuspüren, und sich statt dessen gleich auf die Suche nach seiner Tochter machen

461

Ein schöner Sieg für Sie, den der Bankhalter mit säuerlicher Miene honoriert, indem er Ihnen seinen Einsatz hinüberschiebt. Falls Sie einen Natural haben, also genau 21 Augen, kassieren Sie von ihm sogar die zweifache Gewinnsumme. Dasselbe gilt, wenn der Bankhalter den Einsatz nach Erhalt seiner ersten Karte verdoppelt hat. Und den ganz großen Reibach machen Sie für den Fall, daß beides gleichzeitig zutrifft – dann sacken Sie den vierfachen Einsatz als Gewinn ein.
Wenn Sie der Ansicht sind, daß Sie genug gewonnen haben, können Sie jetzt mit dem Spielen aufhören. Aber es steht Ihnen natürlich auch frei, weiterzumachen.

Notieren Sie Ihren Gewinn auf dem Protokoll und schreiben Sie sich auch Ihren Einsatz wieder gut

Auf ein neues → 131

Schluß für heute → 225

462

Ihnen fällt nichts ein, was Sie Diamond fragen könnten. Also, dann machen Sie sich mal an die Arbeit.
Am besten fangen Sie in der Privatschule an, aus der das Mädchen verschwunden ist. Deshalb fahren Sie jetzt nach Hause, um die letzten Vorbereitungen für Ihren Besuch dortselbst zu treffen. → 520

463

Ihr ›sechster Sinn‹ ist also nach wie vor hellwach. Bleibt zu hoffen, daß dies auch für Ihre anderen Geistesgaben gilt. Während Sie scheinbar achtlos an den abgestellten Fahrzeugen vorbeischlendern, sehen Sie in Wirklichkeit mit Argusaugen hin.

Vier Wagen fallen Ihnen besonders auf: ein Buick, an dessen Innenspiegel ein kleiner Stoffaffe hängt, ein Chevrolet mit einer Beule am Kotflügel, ein abgefahrener Reifen und ein zweiter Chevy mit einer Blume an der Windschutzscheibe. Welches Auto läßt Erinnerungen in Ihnen aufsteigen?

544 ⟵ Der Buick

484 ⟵ Der erste Chevy

514 ⟵ Der Ford

523 ⟵ Der zweite Chevy

464

Jetzt nur nicht nervös werden! Der Bankhalter nimmt seine dritte Karte. Sie würfeln

1 → 513

2 → 521

3 → 533

4 → 541

5 → 550

6 → 561

Der Bankhalter hat genau 21 Augen → 246

Er hat 17, 18, 19 oder 20 Augen und nimmt keine weitere Karte → 265

Der Kerl spielt falsch, denn die Karte, die er gerade gezogen hat, halten Sie schon in der Hand → 294

465

394 ←

466

Die Fahrt zu der Privatschule war ein Schuß in den Ofen. Ihr Erkenntnisstand liegt nach wie vor nahe dem Nullpunkt, und so müssen Sie wohl noch einmal mit Luke Morelli reden, um vielleicht doch noch den einen oder anderen neuen Ansatzpunkt zu gewinnen.
Wissen Sie wenigstens, wo Ihr Auftraggeber wohnt?

Ja → 488

Nein → 519

467

Ihr Entschluß, Chicago vorübergehend den Rücken zu kehren, kann nach Lage der Dinge wirklich nur als vernünftig angesehen werden. Aber so eine Luftveränderung kostet natürlich Geld. Fünfhundert Dollar sollten Sie schon veranschlagen. Haben Sie einen Betrag in dieser Höhe auf dem Konto und sind Sie bereit, ihn auszugeben?

Ja → 486

Nein → 512

468

Gewiß, der Artikel über die texanische Kuh mit den zwei Köpfen ist teuflisch interessant. Aber was hat das Rindvieh mit Ihrem Fall zu tun? Erzählen Sie das doch mal der Pensionswirtin. Die taucht nämlich gerade im Türrahmen auf.

487 ←

469

Johnny Rizzo, erzählt Morelli, war einer der Capos von Al Capone. Statt aber nun während Capones Knastaufenthalt reine Stellvertreteraufgaben zu erfüllen, hat er alle wahren Getreuen des großen Bosses abgedrängt und selbst die Macht an sich gerissen. Er, Morelli, hat sich gegen diesen Vertrauensbruch Capone gegenüber aufgelehnt. Und die Folge? Rizzo hat Gloria in seine Gewalt gebracht, um ihn zu zwingen, klein beizugeben. Kann es eine größere Schweinerei geben, als ein unschuldiges Mädchen in die Sache hineinzuziehen?

Sie sehen das auch so – wirklich eine Sauerei! Natürlich wollen Sie alles tun, um Morellis Tochter zu befreien.

Nach Ansicht Ihres Auftraggebers wird Gloria wahrscheinlich in Rizzos Villa im Vorort Cicero festgehalten. Er würde ja am liebsten selbst die Villa stürmen, aber wie das Beispiel Jack Diamonds zeigt, kann er sich auf niemanden mehr verlassen. Und vielleicht ist statt Gewalt auch eher List angebracht. Und da, meint Morelli, sind Sie wohl der richtige Mann. Was Sie an einem einzigen Tag schon alles geleistet haben . . .

Geschmeichelt nicken Sie, lassen sich Rizzos Villa genau beschreiben und verabschieden sich dann von Luke Morelli.

→ 662

470

Sie geraten zwar nicht in Panik, als der Hund unmittelbar vor Ihnen steht, aber der Angstschweiß steht Ihnen doch auf der Stirn. Das Tier ist wirklich riesengroß, grauschwarz und ziemlich struppig, ein Riesenschnauzer offenbar. Mörderisch bleckt der Hund seine messerscharfen, schneeweißen Zähne, und auch das grollende Knurren ist nicht leiser geworden. Zum Glück macht er keinerlei Anstalten, Sie anzuspringen. Dafür hört er jedoch plötzlich mit dem Knurren auf und fängt an, laut und durchdringend zu bellen.

Ihre Versuche, ihn mit leisen, freundschaftlichen Worten zum Schweigen zu bringen, fruchten nichts. Er bellt weiter, lauter noch als zuvor. Und schon passiert das, was passieren muß. Drüben im Haus bleibt das Alarmgetöse des vierbeinigen Wachpostens nicht ungehört. Aus dem flachen Anbau tritt eine menschliche Gestalt hervor und nähert sich zielstrebig dem Ort des Geschehens.

Bleiben Sie auch weiterhin stehen wie gelähmt oder unternehmen Sie etwas?

491 ⟵ Sie bleiben stehen und warten ab, wie sich die Dinge weiter entwickeln

526 ⟵ Sie unternehmen einen Fluchtversuch

510 ⟵ Sie greifen nach Ihrer 38er Special, um den Hund zu erschießen

471

Der Bankhalter starrt sekundenlang auf seine Karte, nimmt sich dann noch eine neue.
Sie würfeln

1 → 513

2 → 521

3 → 533

4 → 541

5 → 550

6 → 561

Der Bankhalter hat 17, 18, 19 oder 20 Augen und nimmt keine weitere Karte → 265

Der Kerl spielt falsch, denn die Karte, die er gerade gezogen hat, halten Sie schon in der Hand → 294

472

Wie kaum anders zu erwarten war, sorgt Ihre Verspätung für eine totale Pleite. An der Hochbahnhaltestelle wartet kein Mensch mehr auf Sie.
Fahren Sie zurück nach Hause. Sie können sich ja wieder ins Bett legen und weiterpennen.

636 ←

473

Die beiden Gangster waren sich Ihrer Person offenbar völlig sicher, haben sich nicht einmal an Ihrem Chevy vergriffen, der deutlich sichtbar in Reichweite steht. Man soll einen Mann wie Sie eben nie unterschätzen. Und das gilt nicht nur für Ihre geglückte Flucht, sondern auch noch in ganz anderer Beziehung, nicht wahr? Sie haben doch einen der beiden erkannt und wissen, wo Sie ihn finden können, um ihn mal so richtig auszuquetschen, oder?

490 ← Sie haben niemanden erkannt und fahren deshalb nach Hause

507 ← Sie fahren wieder zu Johnny Rizzos Villa

555 ← Sie fahren zum ›Ace of Spades‹

530 ← Sie fahren zur Pension ›Chez Louise‹

474

Sie haben keine Probleme, das Grundstück unbemerkt zu verlassen. Wenig später sitzen Sie in Ihrem Chevy. → 412

475

Für Sie ist an Bord alles dunkel. Sie sind sich ziemlich sicher, daß niemand Ihre Annäherung bemerkt hat. Und deshalb werden Sie den Kahn jetzt entern! → 534

476

Nach Lage der Dinge müssen Sie Gloria wohl erst einmal mit in Ihre Behausung nehmen – nicht, daß Ihnen das sonderlich unangenehm sein sollte. Und morgen sehen Sie dann weiter. → 496

477

Wenn Sie sich die Frau auf dem Bild einige Jahre jünger vorstellen, dann haben Sie niemand anders als . . . Gloria Morelli vor sich. Greta Frazetta war also nicht Glorias Pflegemutter, sondern ihre leibliche Mutter!
Haben Sie dies auf Ihrem Zettel notiert?

Ja → 535

Nein → 497

478

Schließfachschlüssel – was sich in diesem unbekannten Schließfach wohl befunden haben mag?

Als Sie Monate später in den Klatschspalten diverser Zeitungen von den Eskapaden der jungen Millionärin Mary-Lou Frazetta lesen, können Sie es sich denken: Luke Morellis plattgeschlagene Million.

Und noch einiges können Sie sich zusammenreimen. Ganz klar, daß Morelli seiner richtigen Tochter, Mary-Lou also, die Million zukommen lassen wollte und ihr deshalb irgendein ominöses Codewort gegeben hatte. Mary-Lou hatte dann Frank Miller eingeweiht, weil sie vermutlich in ihn verliebt war. Und da lag natürlich auch Millers Mordmotiv – erst wenn Morelli tot war, kam sein ›Testament‹ zur Geltung. Indirekt waren sie sozusagen sogar Millers Schrittmacher. Anscheinend wußten weder er noch Mary-Lou, wo sich Morelli aufhielt. Erst indem sich der verbrecherische Lehrer an Ihre Fersen heftete, kam er Morelli auf die Spur.

Sie können sich zwar zubilligen, daß Sie den ganzen komplizierten Fall gelöst haben, aber so richtig glücklich werden Sie jedoch kaum sein. Mary-Lou kann in Saus und Braus leben, während Gloria leer ausgegangen ist. Aber was sind schon Geld und Gut? Vielleicht ist Ihnen und der reizenden Gloria ja etwas anderes viel lieber – das große Happy-End ...

685 <—

479

Sie reagieren ganz automatisch, lassen sich blitzschnell vom Stuhl fallen, rollen sich ab und langen dabei nach Ihrer Pistole. Aber bevor Sie die Waffe ziehen können, hat der Maskierte bereits geschossen – auf Morelli. Sie hören das Aufstöhnen Ihres Auftraggebers, dann ein dumpfes Fallgeräusch. Und der Killer hat sich bereits umgedreht und den Rückzug angetreten. → 498

480

Die zwanzig Dollar, die Sie dem Mann hinter der Theke hinhalten, wechseln in Sekundenschnelle den Besitzer. Wenig später haben Sie die Telefonnummer, unter der Morelli zu erreichen ist. Es sei denn, der Black-Fish-Besitzer verkohlt nicht nur seinen Fisch, sondern auch Sie. Aber das wird sich ja noch herausstellen. → 518

Streichen Sie die 20 $ auf dem Protokoll ab.

481

Ihr Einsatz ist verloren. Fragt sich nur, ob Sie so billig davonkommen. Wenn der Bankhalter den Einsatz nach Erhalt seiner ersten Karte verdoppelt hat, müssen Sie jetzt natürlich auch doppelt zahlen. Wie also sieht's aus – hat er verdoppelt?

Ja → 392

Nein → 522

482

Diese Karte macht deine Kuh nicht fett, Buster, denken Sie berechtigterweise und sehen zu, wie der Bankhalter seine dritte Karte zieht.
Sie würfeln

513 ← 1

521 ← 2

533 ← 3

541 ← 4

550 ← 5

561 ← 6

294 ← Der Bankhalter spielt falsch, denn die Karte, die er da gerade gezogen hat, halten Sie schon in der Hand

483

Und ob Sie Diamond noch etwas fragen wollen! Wenn Sie schon für einen Gangster arbeiten, dann soll sich die Sache auch für Sie lohnen. Deshalb verlangen Sie eine ›Gefahrenzulage‹: fünfhundert Dollar.
Der Gehilfe Ihres Auftraggebers ist von diesem Ansinnen nicht gerade begeistert, stimmt nach kurzem Zögern jedoch zu. Er erspart es Ihnen sogar, Mr. Morelli aufsuchen zu müssen, sondern zückt selbst seine prall gefüllte Brieftasche und blättert Ihnen fünf Hunderter hin. Dann nickt er Ihnen noch einmal zu und geht.

Notieren Sie die 500 $ auf dem Protokoll.

So, jetzt können Sie sich endlich an die eigentliche Arbeit machen. Am besten fangen Sie in der Privatschule an, aus der das Mädchen verschwunden ist. Deshalb fahren Sie jetzt nach Hause, um die letzten Vorbereitungen für Ihren Besuch dortselbst zu treffen.

→ 520

484

Klar, daß sich beim Anblick dieses Wagens Erinnerungen in Ihnen rühren. Der sieht nämlich genauso verbeult und heruntergekommen aus wie Ihr eigener Schlitten. Das ist aber auch schon alles, was es hier zu registrieren gibt.
Sie kommen zu der Überzeugung, daß Ihr ›sechster Sinn‹ Sie doch getrogen hat, steigen wieder in Ihren eigenen Chevy und fahren weiter in Richtung Chicago.

→ 228

485

Die Bar füllt sich mit Menschen – Angehörige des Personals, andere Gäste und schließlich Polizisten. Sie haben einiges zu erklären, aber der Barkeeper bestätigt Ihre Aussagen, und so verzichtet der Lieutenant der Mordkommission darauf, Sie gleich mitzunehmen. Natürlich müssen Sie sich zur Verfügung der Polizei halten und dürfen das Stadtgebiet vorerst nicht verlassen.
Wie soll es nun weitergehen? Ihr Auftraggeber ist tot, und Ihre einzige andere Kontaktperson, Jack Diamond, läßt sich aus naheliegenden Gründen nicht blicken. Wer Morelli erschossen hat, wissen Sie nicht, und was die entführte Gloria angeht, haben Sie als vagen Anhaltspunkt auch nur den Namen Rizzo.

515 ⟵ Der Fall ist für Sie erledigt

525 ⟵ Sie suchen weiter nach Gloria Morelli

486

Sie fahren ins sonnige Florida, quartieren sich in einer hübschen kleinen Pension ein und machen sich ein paar gemütliche Wochen. In den Zeitungen lesen Sie, daß in Chicago ein erbitterter Gangsterkrieg zwischen Luke Morelli und einem anderen Unterweltboß namens Johnny Rizzo tobt. Die mörderischen Auseinandersetzungen der Mobster haben bereits mehrere Todesopfer gefordert. Durchaus möglich, daß Sie bei einem Verbleib in Chicago auch dazu zählen würden.

In gewisser Weise können Sie sich also beglückwünschen. Zwar haben Sie es nicht geschafft, den wahrscheinlich größten Fall Ihrer ganzen Detektivkarriere zu lösen, aber Sie leben wenigstens noch . . .

487

Die Pensionswirtin schäumt vor Zorn, beschimpft Sie als Einbrecher und kündigt Ihnen mit schriller Stimme an, daß sie umgehend die Polizei alarmieren wird.

Ob das Zimmer wirklich von Frank Miller bewohnt wird, können Sie nicht in Erfahrung bringen. Sie ziehen es vor, schnellstens zu verschwinden.

Das war wohl nichts, denken Sie, als Sie wieder unten auf der Straße stehen. Und während Sie zu Ihrem Wagen gehen, werden Sie sich auch wieder Ihres knurrenden Magens bewußt.

→ 9

488

Natürlich wissen Sie, daß Morelli im Hotel ›Star‹ wohnt. Und so fahren Sie, gleich nachdem sie wieder in Chicago eingetroffen sind, zum ›Star‹.

545 ←

489

Während der Rückfahrt nach Tower Town zu Ihrer Wohnung gehen Ihnen so einige Gedanken durch den Kopf. Sie wissen sehr wohl, daß Sie sich da gerade nicht mit Ruhm bekleckert haben, und beginnen sich zu fragen, ob Sie wirklich der richtige Mann für diesen Fall sind. Luke Morelli erscheint vor Ihrem geistigen Auge.

509 ← Morelli ist tot

551 ← Ihres Wissens lebt Morelli noch

490

Sehr traurig, daß Sie den einen der beiden nicht identifizieren konnten. So haben Sie also überhaupt keinen Anhaltspunkt, wo Gloria Morelli versteckt sein könnte. Diese Überlegungen deprimieren Sie zutiefst. Lebt Luke Morelli eigentlich noch?

279 ← Natürlich lebt Ihr Auftraggeber noch

295 ← Morelli ist tot

491

Die menschliche Gestalt kommt näher und näher und wird schließlich als vierschrötiger Mann erkennbar. Der Mann hat die Situation zwischen Ihnen und dem Riesenschnauzer längst erfaßt. Als er bei Ihnen ankommt, ruft er als erstes den Hund zurück. Ob sich Ihre Lage dadurch jedoch wesentlich verbessert, mag bezweifelt werden, denn statt in den Rachen des Tiers blicken Sie nun in den Lauf eines großkalibrigen Revolvers.

»Well«, sagt der Mann beinahe heiter, »laß mich mal raten, was du hier tust. Du bist über den Zaun gestiegen, um Äpfel zu klauen, stimmt's«

Diese Ausrede wäre Ihnen gar nicht eingefallen – Sie geben dem Mann begeistert recht. → 549

Sie lassen sich eine andere Rechtfertigung oinfallon → 587

492

Atemlose Spannung, auch beim Bankhalter. Er nimmt seine dritte Karte. Sie würfeln

513 ← 1

521 ← 2

533 ← 3

541 ← 4

550 ← 5

561 ← 6

246 ← Der Bankhalter hat genau 21 Augen

265 ← Er hat 17, 18, 19 oder 20 Augen und nimmt keine weitere Karte

294 ← Der Kerl spielt falsch, denn die Karte, die er da gerade gezogen hat, halten Sie schon in der Hand

493

In welche Richtung fahren Sie?

Geradeaus → 508

Rechts → 531

Links → 53

494

So vehement haben Sie Ihren Chevy noch nie durch den Stadtverkehr von Chicago gejagt. Was natürlich nichts an der Tatsache ändert, daß Sie mit einiger Verspätung in der Poll Street eintreffen. Dazu kommt dann noch die leidige Parkplatzsuche.
Hoffentlich hat der Kerl gewartet, denken Sie, als Sie mit wehenden Rockschößen der Hochbahnhaltestelle entgegenstreben. Aus noch recht gehöriger Entfernung sehen Sie, daß gerade eine Bahn vorfährt. Drei Männer steigen aus . . . → 575

495

Sie kneifen die Augen konzentriert zusammen und sehen . . . → 608

496

In der Nacht ist Ihnen nicht eingefallen, was nun mit Gloria Morelli geschehen soll. Eigentlich ist das weitere Schicksal des Mädchens ja nicht Ihr Problem, aber Sie fühlen sich doch irgendwie für sie verantwortlich. Der Name Foxstone fällt Ihnen ein. Der Mann war Morellis Anwalt, er wird wohl auch sein Nachlaßverwalter sein.

Sie lassen Gloria Morelli in Ihrer Wohnung zurück – das Mädchen schläft noch – und fahren zum pompösen Büro des Rechtsver-
503 ⟵ drehers.

497

Also, wenn Sie auf etwas anderes spekuliert haben, dann lassen Sie sich sagen, daß Sie wohl irgendwie ziemlich danebenlie-
506 ⟵ gen. Und das wird sich gleich böse rächen.

498

Sie sind im Handumdrehen wieder auf den Beinen und setzen dem Killer mit der Pistole in der Hand nach.
Die Hintertür führt auf einen kurzen Gang, der seinerseits in einen kleinen Hinterhof mündet. Als Sie den Hof erreichen, sehen Sie, daß sich der Maskierte gerade auf eine Mauer hochgezogen hat und auf die andere Seite nach unten springen will.
»Halt!« brüllen Sie und bringen Ihre Waffe in Anschlag.
Der andere zuckt herum, zielt mit der eigenen Pistole auf Sie, krümmt den Finger. Wer ist der Schnellere – Sie oder er?
Legen sie eine Probe Ihres Reaktionsvermögens ab. Dabei erzielen Sie ein Ergebnis von

1 bis 3 ⟶ 505

4 bis 6 ⟶ 539

499

Hundert Dollar für eine kleine Auskunft? Sie scheinen es ja dick zu haben. — Streichen Sie 100 $ auf dem Protokoll ab
Immerhin, Ihre Investition lohnt sich – Sie bekommen die Telefonnummer, unter der Morelli zu erreichen ist. Es sei denn, der Black-Fish-Besitzer verkohlt nicht nur seinen Fisch, sondern auch Sie. Aber das wird sich ja noch herausstellen. ⟶ 518

500

Vorher müssen Sie jedoch noch etwas anderes tun. Sie müssen Gloria Morelli – oder auch Gloria Frazetta, ganz wie man will – beibringen, daß Luke Morelli nicht ihr Vater ist. Und natürlich auch, daß Morelli erschossen wurde – von ihrem Lehrer Frank Miller.

Überraschenderweise nimmt das Mädchen alles, was Sie ihr berichten, ziemlich gefaßt auf. Sie hat sich vom Schock der vergangenen Nacht gut erholt und scheint auch nicht mehr unter den Nachwirkungen ihrer Gefangenschaft auf dem Hausboot zu leiden. Gloria besteht darauf, mit nach Elmhurst zu fahren.

Dagegen haben Sie nichts einzuwenden. Zum einen ist Ihnen die Gesellschaft und unmittelbare Nähe des hübschen Mädchens alles andere als unangenehm. Und zum anderen ist Gloria die beste Freundin von Mary-Lou. Luke Morellis richtige Tochter dürfte eher gesprächsbereit sein, wenn Gloria dabei ist.

504 ← Gemeinsam brechen Sie zur Schule auf.

501

Junges Glück
brutal zerstört
From Moses to Michelangelo, Charlton Heston has played som
memorable parts in movie history. But behind the monumenta
façade of the epic hero is a man of concern and sensitivity – a
perfectionist of the craft of cinema acting

→ 457

502

Diese Karte haben Sie ihm gewünscht, was? Nimmt der Bankhalter noch eine dritte Karte? Sie würfeln

513 ← 1

521 ← 2

533 ← 3

541 ← 4

550 ← 5

561 ← 6

265 ← Der Bankhalter hat 17 Augen und nimmt keine weitere Karte

294 ← Der Kerl spielt falsch, denn die Karte, die er da gerade gezogen hat, halten Sie schon in der Hand

503

Bei Foxstone erfahren Sie Überraschendes. Luke Morelli ist völlig mittellos gestorben – keine Spur von einer angeblich unterschlagenen Million. Und damit auch kein Erbe für seine Tochter.
Nachdenklich verlassen Sie den Anwalt. —> 536

504

In der Schule angekommen, melden Sie sich gleich bei Direktor Regan. Der Mann ist aufrichtig erleichtert, Gloria Morelli gesund und wohlbehalten wiederzusehen. Natürlich will er wissen, was denn überhaupt passiert ist, eine Frage, die Sie nur mit vagen Andeutungen beantworten. Anschließend bitten Sie ihn, Mary-Lou zu holen, was er dann auch tut. —> 538

505

Der andere ist schneller – seine Kugel trifft Sie mitten ins Herz. Tragisch, so kurz vor der endgültigen Lösung des Falles noch vom Schicksal ereilt zu werden . . .

506

Tief in Gedanken versunken, verlassen Sie das Verlagsgebäude wieder. Und nachdem Sie das Portal durchschritten haben, können Sie noch genau drei Schritte tun. Dann trifft Sie die tödliche Kugel des Killers, der in einem vornehmen Cadillac auf sie gewartet hat.
Scheint so, daß Sie jemand für klüger gehalten hat, als Sie tatsächlich waren . . .

507

Zu Rizzo wollen Sie fahren? Da können Sie sich ja genausogut gleich selbst eine Kugel in den Kopf jagen. Außerdem sind sie auf dem Holzweg: Bei Rizzo haben Sie keinen der beiden Kerle von vorhin gesehen. Warum fahren Sie nicht einfach nach
337 ← Hause?

508

Nach Harvey also – ganz wie Sie meinen. Eine gute Stunde später haben Sie die hier ansässige Firma Bellamy lokalisiert. Es handelt sich um eine Rechtsanwaltfirma, die in einem ganz normalen Bürohaus residiert. Von irgendwelchen Lagerräumen kann wirklich nicht die Rede sein. Und von einem ›Hafenlager‹ schon gar nicht. Sieht ganz so aus, als ob Sie sich die falsche
552 ← Adresse ausgesucht haben.

509

Ja, Luke Morelli ist tot. Was also geht Sie die ganze Sache eigentlich noch an? Kidnapper, Killer, Mafiosi – das ist nicht Ihre Wellenlänge. Sie sind mehr dazu geschaffen, den Seitensprüngen ungetreuer Ehemänner nachzuspüren. Und genau dies werden Sie jetzt auch wieder tun. Soll sich doch ein anderer um Gloria Morelli kümmern, Sie jedenfalls nicht. Mit diesem Vorsatz setzen Sie Ihre Fahrt fort.

→ 529

510

Sie wollen einen armen Hund umbringen, der nichts anderes tut als seine Pflicht? Der Hund sorgt selbst dafür, daß Sie diese böse Absicht nicht in die Tat umsetzen können. Noch bevor Ihre Hand unter der Achselhöhle verschwunden ist, setzt er zum Sprung an und hat sich sofort in Ihren Arm verbissen. Nur der dicke Stoff Ihrer Jacke schützt Sie vor einer bösen Verletzung.

Bevor es doch noch dazu kommt, erstarren Sie wieder zur Regungslosigkeit und harren der Dinge, die da kommen. Der Hund belohnt Sie für Ihre Ergebenheit, indem er Ihren Arm wieder losläßt und sich ansonsten auf drohendes Knurren beschränkt.

→ 491

511

Verständlich, daß der Mantel Ihren Atem stocken läßt. Besonders diese schlangenförmige Gürtelschnalle. Der Teufel soll Sie holen, wenn der Killer im ›Star‹ nicht einen Mantel genau wie diesen getragen hat.
Hastig beugen Sie sich über das Kleidungsstück und riechen daran. Kein Zweifel für Ihre geschulte Nase: ein Resthauch von Pulverdampf. Sie stehen im Zimmer des Mannes, der auf Ihren Auftraggeber geschossen hat. Und wenn dieses Zimmer
528 ← Frank Miller gehört, dann . . .

512

Ohne Geldaufwand können Sie Chicago nicht verlassen. Deshalb verbarrikadieren Sie sich in Ihrem Wohnbüro und gehen nur aus dem Haus, wenn es unbedingt nötig ist. In der Zeitung lesen Sie, daß in der Stadt ein Gangsterkrieg zwischen Luke Morelli und einem anderen Unterweltboß namens Johnny Rizzo tobt. Die Auseinandersetzungen der Mobster haben inzwischen mehrere Todesopfer gefordert.
Und zu diesen zählen Sie auch. Als Sie eines Abends Ihre Wohnung verlassen, um Zigaretten zu kaufen, werden Sie von einem Killer mit blauen Bohnen gespickt.
Man hat Sie umgebracht, weil Sie zuviel wußten? Oder hat sich Morelli nur dafür rächen wollen, daß Sie ausgestiegen sind? Sie werden es nie erfahren . . .

513

Auf einmal finden Sie die Luft im Raum ziemlich stickig. Der Bankhalter nimmt eine weitere Karte. Sie würfeln

1 → 572

2 → 580

3 → 592

4 → 603

5 → 611

6 → 621

Der Bankhalter hat genau 21 Augen → 246

Er hat 17, 18, 19 oder 20 Augen und nimmt keine weitere Karte → 265

Der Kerl spielt falsch, denn die Karte, die er gerade gezogen hat, halten Sie schon in der Hand → 294

514

Selige Reminiszenzen! So einen Uralt-Ford hatten Sie auch mal. Es war Ihr allererster eigener Wagen – für einen Dollar auf dem Schrottplatz gekauft. Das war die Zeit, in der Sie noch davon träumten, Präsident der Vereinigten Staaten zu werden. Und heute? Heute sind Sie ein kleiner Schnüffler, der miesen Kaffee aus Pappbechern trinkt und detektivische Drecksarbeit verrichten muß. Und dies nicht einmal besonders gut, denn bei Ihren Gedanken an das, was hätte sein können, übersehen Sie das Auto, das Ihr Interesse wert gewesen wäre. So kommen Sie jedoch zu der Überzeugung, daß Ihr ›Sechster Sinn‹ Sie doch getrogen hat, steigen wieder in Ihren Chevy und fahren weiter in Richtung
228 ← Chicago.

515

Sie sagen dem Lieutenant der Mordkommission alles, was Sie über die entführte Gloria Morelli wissen, bekommen auch in diesem Fall Anweisung, sich zur weiteren Verfügung der Polizei zu halten, und gehen dann Ihrer Wege. Was von einer solchen Handlungsweise zu halten ist, sollte Ihnen ein Blick in den Spiegel sagen: Eigentlich müßte Ihnen die Schamesröte im Gesicht stehen . . .

516

Bei gleicher Augenzahl ist der Bankhalter im Vorteil – er gewinnt. Ihr Einsatz ist damit verloren. Fragt sich nur, ob Sie so billig davonkommen. Wenn der Bankhalter den Einsatz nach Erhalt seiner ersten Karte verdoppelt hat, müssen Sie jetzt natürlich auch doppelt zahlen.
Wie also sieht's aus – hat er verdoppelt?

Ja ——> 392

Nein ——> 522

517

Und ob Sie Diamond noch etwas fragen wollen! Wenn Sie schon für einen Gangster arbeiten, dann soll sich die Sache wenigstens für Sie lohnen. Deshalb verlangen Sie eine ›Gefahrenzulage‹: Tausend Dollar.
Der Adlatus Ihres Auftraggebers ist von diesem Ansinnen nicht gerade begeistert, stimmt nach kurzem Zögern jedoch zu. Er zückt sogar selbst seine prall gefüllte Brieftasche und blättert Ihnen zehn Hunderter hin. Dann nickt er Ihnen noch einmal zu und geht.

Notieren Sie die 1000 $ auf dem Protokoll.

So, jetzt können Sie sich endlich an die eigentliche Arbeit machen. Am besten fangen Sie in der Privatschule an, aus der das Mädchen verschwunden ist. Deshalb fahren Sie nach Hause, um die letzten Vorbereitungen für Ihren Besuch dort zu treffen. ——> 520

518

Gleich aus der nächsten Telefonzelle tätigen Sie einen Testanruf. Es meldet sich ein Hotel ›Star‹.

»Mr. Morelli? Einen kleinen Augenblick, Sir, ich verbinde.«

Aber dazu lassen Sie es nicht kommen. Da Ihnen nichts daran liegt, jetzt mit Ihrem Auftraggeber zu plaudern, legen Sie schnell auf.

Im ›Star‹ wohnt Morelli also? Der Gedanke veranlaßt Sie, die Stirn zu runzeln, denn Sie kennen das ›Star‹. Es handelt sich um eine nicht gerade bestens beleumundete Absteige in der Nähe des Hafens – wohl kaum der angemessene Aufenthaltsort für einen offenkundig wohlsituierten Mann wie Luke Morelli.

Sie überlegen kurz, ob Sie noch an diesem Abend zum ›Star‹ fahren sollen, um nähere Erkundigungen einzuholen, verzichten aber schließlich darauf. Morgen ist auch noch ein Tag. Statt dessen beschließen Sie, den Erhalt des Auftrags ein bißchen zu feiern, und machen sich auf den Weg zu
85 ← Ihrem Stammspeak.

519

Wie Sie heißen, wissen Sie aber doch noch, oder? Na ja, immerhin etwas. Und was Luke Morellis Aufenthaltsort angeht: Rufen Sie doch mal bei Rechtsanwalt Fox-
524 ← stone an.

520

Die Privatschule liegt in Elmhurst, einer Vorstadt Chicagos, rund dreißig Kilometer westlich. Anhand einer Straßenkarte, die selbst in einem Büro wie dem Ihrigen zur Grundausstattung gehört, machen Sie sich kundig, schnallen für alle Fälle das Schulterholster mit Ihrer 38er Special um und machen sich dann auf den Weg.

Kurz vor Mittag treffen Sie in Elmhurst ein. Der Ort macht einen etwas zwiespältigen Eindruck. Einerseits gibt es zahlreiche Häuser und Gewerbebauten, die noch aus dem vergangenen Jahrhundert stammen und entsprechend heruntergekommen sind, andererseits haben sich viele gutbetuchte Leute aus der City angesiedelt und standesgemäße Neubauten errichtet.

Die Schule ist in einem dieser Neubaugebiete zu finden, am Rand einer ausgedehnten Grünanlage mit natürlichem Waldbestand. Das ganze Anwesen, bestehend aus mehreren zwei- und dreigeschossigen Bauten, macht einen gepflegten, fast exklusiven Eindruck. Schon der erste Blick verrät, daß es sich vermutlich nicht viele leisten können, ihre Sprößlinge hier unterzubringen. Für Ihre Tochter – wenn Sie denn eine hätten – wäre hier kaum Platz.

Über die Ungerechtigkeiten der Welt nachsinnend, fahren Sie auf den Parkplatz, steigen aus Ihrem Chevy und gehen zum Hauptgebäude der Schule hinüber.

→ 542

521

Der Bankhalter nimmt noch eine vierte Karte. Sie würfeln

572 ← 1

580 ← 2

592 ← 3

603 ← 4

611 ← 5

621 ← 6

246 ← Der Bankhalter hat genau 21 Augen

265 ← Er hat 17, 18, 19 oder 20 Augen

286 ← Er hat mehr als 21 und damit verloren

294 ← Der Kerl spielt falsch, denn die Karte, die er da gerade gezogen hat, halten Sie schon in der Hand

522

Da hat Ihnen die Glücksgöttin ja noch mal zur Seite gestanden. Und vielleicht verhilft sie Ihnen beim nächsten Mal sogar zum Sieg. Wollen Sie weiterspielen – wenn Sie noch genug Kleingeld in der Tasche haben, versteht sich? Oder hören Sie lieber auf?

Auf ein neues → 131

Schluß für heute → 225

523

Die Blume in dem Chevy erinnert Sie daran, daß Ihre Geranie im Büro auch mal wieder gegossen werden muß. Ansonsten gibt es hier nichts zu registrieren.
Sie kommen zu der Überzeugung, daß Ihr ›Sechster Sinn‹ Sie doch getrogen hat, steigen wieder in Ihren eigenen Chevy und fahren weiter in Richtung Chicago. → 228

524

Sie erfahren, wo Sie Luke Morelli finden können: Im Hotel ›Star‹, einer ziemlich übel beleumundeten Absteige im Hafenviertel.
Sie wundern sich ein bißchen, daß ein gutsituierter Mann wie Ihr Auftraggeber in solch einem Haus wohnt, gehen aber mit einem Achselzucken darüber hinweg. Auf zum ›Star‹ also . . . → 545

525

Trotz der bohrenden Fragen des Lieutenants der Mordkommission, der unbedingt wissen will, was Sie mit einem berüchtigten Gangster wie Luke Morelli zu tun hatten, beschränken Sie Ihre Aussage auf ein Minimum. Kein Wort über die Entführung Gloria Morellis – das ist Ihr Fall, auch wenn nach dem Tode Ihres Auftraggebers die sogenannte Geschäftsgrundlage vielleicht auch entfallen ist. Außerdem haben Sie ja schon einen Vorschuß kassiert, oder nicht?

Allzu viele Anhaltspunkte, wo Sie Gloria Morelli finden können, besitzen Sie allerdings nicht. Aber Morelli hat einen Namen genannt: Johnny Rizzo. Ihr Auftraggeber war der Überzeugung, daß der verräterische Diamond das Mädchen in die Hände dieses Rizzo gespielt hat. Und wahrscheinlich war der Kerl auch für den Mordanschlag auf Morelli verantwortlich. Wer ist Rizzo?

548 ←

526

Aus dem Stand wirbeln Sie herum, recken die Arme hoch, packen die Krone des Zauns und ziehen sich blitzschnell nach oben. Die Mordzähne des etwas zu langsamen Hundes schnappen ins Leere und geben dabei ein markerschütterndes Geräusch ab. Enttäuscht heult die Bestie auf, läßt dann ein wütendes Bellen folgen.
Das Getöse des Hundes, das sicherlich die ganze Nachbarschaft rebellisch macht, veranlaßt Sie, eilig auf der anderen Seite des Zauns nach unten zu springen und zu Ihrem Chevy zurückzuhasten. → 489

527

Ganz wie Sie meinen – also auf zum Hotel ›Star‹.
Haben Sie eigentlich den Lehrer Frank Miller als Mitarbeiter verpflichtet?

Ja → 271

Nein → 546

528

Augenblicke später haben Sie die Bestätigung dafür, daß das Zimmer tatsächlich Frank Miller gehört. Der Umstand, daß der Lehrer offenbar ein sehr ordentlicher Mensch ist, macht Ihre Nachforschungsarbeit einfach: Das fein und säuberlich an seinem Koffer befestigte Etikett nennt Roß und Reiter – Namen und Elmhurster Adresse.

Jetzt müssen Sie erst einmal langsam verdauen, daß Miller der Killer aus dem ›Star‹ ist. Warum, fragen Sie sich. Warum hat der Lehrer auf den Vater einer seiner Schülerinnen geschossen? So sehr Sie auch grübeln, eine Antwort auf diese Frage finden Sie nicht.

Sie beschließen, das Problem zurückzustellen und sich zunächst um Johnny Rizzo zu kümmern. Miller ahnt nicht, daß Sie ihm auf die Schliche gekommen sind. Sie können ihn sich immer noch greifen – oder entsprechende Meldung bei der Polizei machen.

547 ←

529

Sie wissen, was Sie sind? Richtig, ein Versager. Und ein gewissenloser noch dazu!

530

Zur Pension ›Chez Louise‹? Was, zum Geier, wollen Sie denn da? In der Pension haben Sie ganz bestimmt keinen der beiden Kerle von vorhin gesehen. Warum fahren Sie nicht einfach nach Hause?

→ 337

531

Evergreen Park also – ganz wie Sie meinen. Eine gute Stunde später haben Sie die hier ansässige Firma Bellamy lokalisiert. Es handelt sich um eine Werbeagentur, die in einem Bürohaus residiert. Von irgendwelchen Lagerräumen kann nicht die Rede sein. Und von einem ›Hafenlager‹ schon gar nicht. Sieht ganz so aus, als ob Sie sich die falsche Adresse ausgesucht haben.

→ 552

532

Immer noch ein ganzes Stück entfernt sehen Sie, daß sich die drei Männer anschicken, den Bahnsteig zu verlassen – und zwar in verschiedene Richtungen. Gleich werden Sie im Passantengewühl untergetaucht sein. Sie können nur noch einem nachlaufen, und zwar dem

linken → 553

in der Mitte → 14

rechten → 574

533

Triumph oder Pleite? Der Bankhalter nimmt noch eine vierte Karte. Sie würfeln

572 ← 1

580 ← 2

592 ← 3

603 ← 4

611 ← 5

621 ← 6

246 ← Der Bankhalter hat genau 21 Augen

265 ← Er hat 17, 18, 19 oder 20 Augen

286 ← Er hat mehr als 21 und damit verloren

294 ← Der Kerl spielt falsch, denn die Karte, die er da gerade gezogen hat, halten Sie schon in der Hand

534

Mit kühnem Sprung setzen Sie zur ›Angelina‹ über. Und genau in dem Augenblick, in dem Ihre Füße Kontakt mit dem Hausboot bekommen, passiert es . . .

→ 648

535

Ja, Sie liegen mit Ihrer Spekulation völlig richtig: Ihr bei Charly Puffin untergebrachter Schützling ist nicht Luke Morellis Tochter, sondern das Kind der Frazettas. Und noch einen Schritt weiter gedacht: Wenn Gloria Morelli in Wirklichkeit Gloria Frazetta ist, dann ist Mary-Lou Frazetta in Wirklichkeit . . . Mary-Lou Morelli.
Wirklich abenteuerlich, können Sie da nur sagen.
Beim Verlassen des Verlagsgebäudes nehmen Sie sicherheitshalber den Hinterausgang. Bei dem Wissen, das Sie jetzt mit sich herumtragen, kann man gar nicht vorsichtig genug sein.

→ 557

536

Wissen Sie eigentlich, wer Luke Morelli erschossen hat?

Sie haben keine Ahnung → 556

Ja, Sie haben den Mörder entlarvt → 579

537

537

493 ←

538

Regan bringt Mary-Lou Frazetta ins Lehrerzimmer und läßt Sie dann mit den beiden Mädchen allein. Die langjährigen Freundinnen, die man nach der Lage der Dinge ja fast als Schwestern bezeichnen könnte, fallen sich um den Hals, küssen und umarmen sich nach Herzenslust.

Und dann sprudelt es förmlich aus Gloria heraus. Bevor Sie zügelnd eingreifen können, hat sie, ziemlich zusammenhanglos, schon nahezu alles erzählt – daß nicht sie, sondern in Wirklichkeit Mary-Lou Morellis Tochter ist, daß Morelli von Miller ermordet wurde und auch, daß Miller ebenfalls den Tod gefunden hat.

Mary-Lou ist wie erschlagen, kämpft sichtlich gegen eine drohende Ohnmacht an. Einem scharfen Beobachter wie Ihnen entgeht selbstverständlich nicht, daß es weniger die Ermordung Morellis, sondern mehr der Tod Millers ist, der sie aus dem seelischen Gleichgewicht bringt. Ja, zweifellos bestand zwischen den beiden ein Liebesverhältnis.

Sekundenlang sitzt Mary-Lou wie gelähmt da, sagt kein einziges Wort und läßt ihren Blick in weite Fernen wandern. Dann sagt sie, daß sie dies alles erst einmal verdauen müßte – allein –, und verläßt mit schleppenden Schritten das Lehrerzimmer.

Lesen Sie weiter auf Seite 354

Noch 538

Natürlich haben Sie Verständnis dafür, aber irgendwie . . . Was sagt Ihr ›Sechster Sinn‹ dazu?

Legen Sie eine entsprechende Probe ab. Sie würfeln eine

558 ← 1 oder 2

598 ← 3 oder 4

641 ← 5 oder 6

539

Sie sind schneller – Ihre Kugel trifft den anderen, bevor er selbst abdrücken kann. Der Maskierte taumelt, versucht sich auf der Mauer zu halten, stürzt dann zurück auf den Hof, wo er reglos liegenbleibt.
Mit zwei, drei Schritten sind Sie bei ihm. Das Tuch, das er sich vorgebunden hatte, ist verrutscht, so daß Sie sein Gesicht sehen können. Der Anblick versetzt Sie in fassungsloses Staunen, denn der Mann ist niemand anders als Frank Miller, der Lehrer aus Elmhurst. Sie beugen sich über ihn. Er lebt noch, aber es ist deutlich zu erkennen, daß sein nächster Atemzug schon der letzte sein kann.
»Warum?« fragen Sie geschockt. »Warum haben Sie Morelli erschossen?«
Er bewegt die Lippen, will etwas sagen.
Sie beugen sich ganz dicht über ihn, um ihn besser verstehen zu können. Aber er beantwortet Ihre Frage nicht, preßt mühevoll etwas anderes hervor. »Mary . . . Lou . . . soll . . . muß . . .«
Mehr kommt nicht. Seine Lippen hören auf zu zucken, seine Augen sind starr. Er ist tot.

—> 560

540

Während Sie noch vor dem ›Black Fish‹ stehen, fängt es leicht zu nieseln an. Weil Sie keinen Mantel bei sich haben, ist Ihnen dies sehr unangenehm.

559 ← Sie gehen zu Ihrem Wagen auf der anderen Straßenseite, um im Trockenen auf Morelli zu warten

581 ← Sie harren tapfer auf der Straße aus

541

War's das? Wer weiß? Der Bankhalter nimmt noch eine Karte. Sie würfeln

1 → 572

2 → 580

3 → 592

4 → 603

5 → 611

6 → 621

Der Bankhalter hat genau 21 Augen → 246

Er hat 17, 18, 19 oder 20 Augen → 265

Er hat mehr als 21 Augen und somit verloren → 286

Der Kerl spielt falsch, denn die Karte, die er gerade gezogen hat, halten Sie schon in der Hand → 294

542

Im Moment ist der Unterricht noch in vollem Gang, und da auch der Direktor der Schule zum Lehrkörper gehört, müssen Sie noch ein Weilchen warten, bis Sie zu ihm vorgelassen werden.

Schließlich empfängt der Internatsleiter Sie in seinem Arbeitszimmer. Er heißt Regan und ist ein väterlich wirkender, ziemlich beleibter Mann Anfang fünfzig. Bei ihm ist noch ein zweiter Mann, den Ihnen Regan als Frank Miller vorstellt, seines Zeichens Klassenlehrer Gloria Morellis. Miller ist noch recht jung und hat eine athletische, sportgestählte Figur. Mit seinen blonden Locken und himmelblauen Augen dürfte er so etwas wie der Schwarm aller seiner Schülerinnen sein.

Ihr Besuch überrascht die beiden Herren nicht. Morelli hatte ihnen bereits angekündigt, daß er einen Privatdetektiv beauftragen würde, falls seine Tochter nicht wieder auftaucht. Und das ist auch heute, drei Tage nach ihrem Verschwinden, noch nicht der Fall. Überraschenderweise machen sich jedoch weder Regan noch Miller große Sorgen.

»Ach, wissen Sie«, sagt der Direktor, »es kommt immer mal wieder vor, daß eins unserer Mädchen ausbüchst. Wir legen hier sehr viel Wert auf Disziplin. Da ist es nur natürlich, wenn eine Siebzehn- oder Achtzehnjährige für ein paar Tage ein bißchen ›Freiheit‹ schnuppern will.«

Noch 542

Ihre Frage, ob die Polizei auch so denkt, fördert eine weitere Überraschung zutage: Auf den ausdrücklichen Wunsch Luke Morellis ist die Polizei gar nicht benachrichtigt worden.

In gewisser Weise ist das natürlich ein tolles Kompliment für Sie. Morelli muß große Stücke auf Sie halten, wenn er allein auf Ihre Arbeit vertraut . . . → 563

543

Die Empörung am Tisch ist groß. Auch die anderen Mitspieler wollen Simon Moffet an den Kragen. Aber Sie sind der erste, der den kleinen Falschspieler am Fraß packt.

Sie hauen ihn windelweich → 562

Sie schleppen ihn vor die Tür und übergeben ihn dem nächsten Streifenpolizisten → 623

Sie hören sich an, was Moffet zu seiner Rechtfertigung zu sagen hat → 645

544

Gar keine Frage – diesen Buick mit dem Stoffäffchen haben Sie vor der Schule in Elmhurst gesehen. Es hat Sie also tatsächlich jemand verfolgt und beobachtet Sie jetzt vermutlich von irgendwoher. Clever, wie Sie sind, lassen Sie sich nichts anmerken, gehen gleichmütig zu Ihrem Chevy und steigen ein. Dann lassen Sie den Motor an, fahren aber nicht los, sondern behalten mit Hilfe des Rückspiegels den Buick im Auge.

Und schon passiert das, was Sie erwartet haben. Ein Mann, der sich hinter dem Zeitungsstand neben dem Motel verborgen gehalten hatte, eilt mit schnellen Schritten auf den Buick zu. Sie erkennen ihn auf Anhieb: Frank Miller.

Hatten Sie den Namen des Lehrers als Verdächtigen bei der Entführung Gloria Morellis notiert?

564 ← Ja

599 ← Nein

545

Ein kurzes Gespräch an der Rezeption, dann bekommen Sie Bescheid, daß Luke Morelli Sie in seinem Zimmer erwartet.

Ihr Auftraggeber ist alles andere als begeistert davon, daß Sie ihm von keinerlei Fortschritten berichten können. Genauer gesagt: Morelli ist stocksauer, erklärt Ihnen, daß Sie die größte Niete sind, die ihm je begegnet ist, und entzieht Ihnen den Auftrag. Mit einer verächtlichen Handbewegung weist er Ihnen die Tür, und Sie ziehen zu Tode betrübt ab. → 565

546

Ein kurzes Gespräch an der Rezeption, dann bekommen Sie Bescheid, daß Luke Morelli Sie in seinem Zimmer erwartet.

Ihr Auftraggeber ist ganz begierig darauf, zu hören, was Sie in Erfahrung gebracht haben. Und Sie lassen ihn nicht lange zappeln.

Morelli hört sich das, was Sie zu sagen haben, mit unbewegtem Gesicht an. Aber er reagiert dann ganz anders, als Sie wohl erwartet haben. Ganz plötzlich hat er eine Pistole in der Hand und legt auf Sie an. »Sie wissen zuviel, mein Freund«, sagt Morelli fast gleichmütig. Dann drückt er ab. Mit der Überlegung, daß es vernünftiger gewesen wäre, einen Gangster wie Luke Morelli nicht herauszufordern, hauchen sie Ihr Leben aus.

547

So still und leise, wie Sie gekommen sind, gehen Sie auch wieder. Die Pensionswirtin merkt nichts davon, daß Sie das Haus erst jetzt verlassen. Kurz darauf sitzen Sie in Ihrem Chevy, wo sich Ihr knurrender
9 ← Magen lautstark bemerkbar macht.

548

Der Rezeptionist im ›Star‹ ist ein bemerkenswert gut informierter Mann. Er kann Ihnen sagen, wer Johnny Rizzo ist: einer der Capos von Al Capone. Dem Vernehmen nach soll er jetzt der ungekrönte König der Unterwelt von Chicago sein. Und der Rezeptionist weiß auch, daß Rizzo eine pompöse Villa im Vorort Cicero besitzt.

Ob Gloria Morelli dort gefangengehalten wird? Könnte sein, sagen Sie sich und fassen den Entschluß, Johnny Rizzo einen
662 ← kleinen Besuch abzustatten.

549

Die scheinbare Heiterkeit des Vierschrötigen verfliegt augenblicklich, weicht einer ausgesprochen bösen Miene.

»Willst mich verscheißern, was?« knurrt er. »Well, darauf reagiere ich immer . . . so!« Und während er noch redet, ruckt seine Hand nach vorne und knallt Ihnen den massiven Revolverlauf an die Schläfe. Sie
569 ← werden augenblicklich bewußtlos.

550

Was nun? Der Bankhalter nimmt noch eine vierte Karte? Sie würfeln

1 → 572

2 → 580

3 → 592

4 → 603

5 → 611

6 → 621

Der Bankhalter hat genau 21 Augen → 246

Er hat 17, 18, 19 oder 20 Augen → 265

Er hat mehr als 21 Augen und somit verloren → 286

Der Kerl spielt falsch, denn die Karte, die er gerade gezogen hat, halten Sie schon in der Hand → 294

551

Sie haben mit Ihrem Auftraggeber vereinbart, daß Sie ihn sofort anrufen werden, wenn Sie von Rizzos Villa zurückkommen. Aber Sie haben Bedenken. Wahrscheinlich schläft Morelli längst, ist ja schließlich schon mitten in der Nacht. Wenn Sie bei ihm das Telefon klingeln lassen, wecken Sie ihn nur auf, und das wird ihm gar nicht gefallen. Morgen, ja, Sie werden morgen anrufen, heute nicht mehr.

570 ←

552

Ja, Sie haben allen Grund, sich über Ihre falsche Wahl zu ärgern. Hafenlager findet man üblicherweise in Hafenanlagen – und diese üblicherweise dort, wo es einen Fluß, ein Meer oder einen See gibt. Harvey und Evergreen Park jedoch liegen fernab im Binnenland, während sich East Chicago längs des Michigansees erstreckt. Jedes diesbezügliche Straßenschild zeigt das eindeutig an. Es wäre also nur logisch gewesen, nach East Chicago zu fahren, nicht wahr?

571 ←

553

Es gelingt Ihnen, Ihren Mann nicht aus den Augen zu verlieren. Noch ein kurzer, beherrschter Sprint, dann sind Sie direkt hinter ihm. »Hey, warte doch«, murmeln Sie ihm ins Ohr, »ich bin ja schon da!«
Der Mann bleibt stehen und dreht sich zu Ihnen um. »Ja, ist was?« fragt er.
Sie blicken in ein schmales, glattrasiertes Gesicht, das Sie garantiert noch nie in Ihrem Leben gesehen haben.

→ 591

554

Eigentlich können Sie dieses Bild gar nicht mehr in sich aufnehmen. Sie sind natürlich bei der verheerenden Explosion mit in die Luft geflogen und bestehen nur noch aus längst weit verstreuten Atomen . . .

555

Ganz recht, dieser Kerl mit den vier Fingern an der einen Hand – mit dem haben Sie am frühen Abend noch Karten gespielt. Wenn Ihnen zu dem Zeitpunkt schon bekannt gewesen wäre, daß der Typ tatsächlich zu Johnny Rizzos Leuten gehört, hätten Sie ihn sich gleich vorgeknöpft und eine Menge Arbeit gespart.
Aber das können Sie ja jetzt alles nachholen. Fahren Sie also zum ›Ace of Spades‹. Dort können Sie bestimmt in Erfahrung bringen, wo der Vierfingrige zu finden ist.

→ 573

556

Wenn Sie so ahnungslos sind, werden Sie wahrscheinlich auch nicht an den wahren Hintergründen des Falles interessiert sein. Und wozu auch? Sie haben ja Gloria Morelli, die, verarmt wie sie ist, inzwischen auf Dauer bei Ihnen wohnt.
Heiraten sie das Mädchen einfach und vergessen Sie die ganze Geschichte . . .

557

Sie sind wieder in Ihrer Wohnung und denken nach. Aber Ihre Gedanken drehen sich irgendwie im Kreise. Sie können sich keinerlei Reim auf die Zusammenhänge des ganzen Falles machen. Alles, was Sie haben, sind Einzelinformationen, die nicht zueinander passen wollen, Bruchstücke eines Puzzles, die Sie mit Ihrem derzeitigen Wissensstand niemals zu einem Gesamtbild zusammenfügen können. Der einzige, der dazu in der Lage sein müßte, ist Ihr hochgeschätzter Auftraggeber, der potentielle Kindesmörder Luke Morelli.

578 ←

558

Ihr ›Sechster Sinn‹ wird vom Mitgefühl mit Mary-Lou Frazetta überlagert. Sie lassen sie gehen – auf ihr Zimmer, wie sie sagt. Erst als sie nach einer Stunde noch immer nicht zurückgekommen ist, werden Sie argwöhnisch. Zu spät, denn wie Sie später erfahren, hat das Mädchen gleich nach dem Verlassen des Lehrerzimmers auch die Schule verlassen.

Sie wird nie wieder gesehen. Ebensowenig wie die Million, die Luke Morelli seinem Gangsterkumpan Johnny Rizzo unterschlagen haben soll.

Wenn Sie da irgendwelche Zusammenhänge vermuten, dann vermuten Sie übrigens richtig ...

559

Bequemlichkeit ist gut und schön, aber nicht immer angebracht. Das bekommen Sie jetzt drastisch vor Augen geführt. Sie warten und warten, aber weder Morelli noch Diamond kommen zum Vorschein, obwohl Sie den Eingang des ›Black Fish‹ nicht aus den Augen gelassen haben.
Schließlich dämmert Ihnen, daß die beiden wahrscheinlich den Hinterausgang in der Clark Street genommen haben. Naheliegend eigentlich, wenn man das geheimnisvolle Getue Ihres Auftraggebers bedenkt, meinen Sie nicht? In jedem Fall ist Morelli mit seinem Adlatus inzwischen längst über alle Berge. Und da im ›Black Fish‹ in diesem Augenblick die Rolladen runtergehen, können Sie jetzt nur noch

43 <— morgen früh Ihr Glück bei Rechtsanwalt Foxstone versuchen

63 <— aufhören, Morellis Identität nachzuspüren, und sich statt dessen gleich auf die Suche nach seiner Tochter machen

560

Später haben Sie der eingetroffenen Mordkommission viele Fragen zu beantworten. Aber Sie beschränken sich bei Ihren Antworten auf das Nötigste. Vor allem geben Sie nichts von den letzten Worten Frank
162 <— Millers preis. Dies ist immer noch Ihr Fall.

561

Der Bankhalter verrät nichts. Er nimmt noch eine vierte Karte. Sie würfeln

1 → 572

2 → 580

3 → 592

4 → 603

5 → 611

6 → 621

Der Bankhalter hat genau 21 Augen → 246

Er hat 17, 18, 19 oder 20 Augen → 265

Er hat mehr als 21 Augen und somit verloren → 286

Der Kerl spielt falsch, denn die Karte, die er gerade gezogen hat, halten Sie schon in der Hand → 294

562

Vielleicht haben Sie den kleinen Kerl ein bißchen unterschätzt. Moffet ist nämlich keineswegs bereit, sich widerstandslos von Ihnen verprügeln zu lassen, sondern schlägt mit erstaunlichem Behauptungswillen zurück. Werden Sie mit ihm fertig? Eine Körperkraftprobe wird es zeigen. Sie würfeln

582 ⟵ 1 – 3

601 ⟵ 4 – 6

563

Sie stellen nun die Fragen, die jeder gute Kriminalist stellen würde: Wann genau wurde Gloria Morelli vermißt? Wer hat sie zuletzt gesehen? In wessen Gesellschaft befand sie sich vor ihrem Verschwinden?
Sie erfahren, daß sie irgendwann zwischen dem mittaglichen Unterrichtsschluß und dem Abendessen das Schulgelände verlassen haben muß. Fremde waren während des fraglichen Nachmittags nicht im Internat. Und zuletzt gesehen hat sie ein Mädchen namens Mary-Lou Frazetta, ihre beste Freundin, mit der sie auch gemeinsam ein Zimmer bewohnt.
Klar, daß Sie als nächstes mit dieser Mary-Lou sprechen und bei dieser Gelegenheit
583 ⟵ auch Glorias Zimmer inspizieren wollen.

564

Es paßt Ihnen ganz hervorragend in den Kram, daß Miller Ihnen nachsteigt. Der Kerl nimmt Ihnen im Grunde genommen nur Arbeit ab. Wenn er, woran Sie nicht zweifeln, weiter hinter Ihnen herfährt, dann können Sie Luke Morelli nicht nur vom Tathergang berichten, sondern ihm auch gleich den Täter präsentieren.
Mit zufriedenem Grinsen legen Sie den Gang ein und fädeln sich in den laufenden Verkehr ein. Und natürlich geht Ihre Rechnung voll auf: Der Buick folgt Ihnen.

→ 289

565

Ein paar Tage später lesen Sie in der Zeitung, daß Luke Morelli ermordet worden ist. Die Beschreibung des noch unbekannten Täters paßt auf einen Mann, den Sie ganz gut kennen – auf den Lehrer Frank Miller nämlich. Aber Sie haben ja jetzt keine Veranlassung mehr, sich weitere Gedanken zu machen. Tragen Sie es mit Fassung – der Fall Morelli war ganz einfach ein paar Nummern zu groß für Sie . . .

566

Als sie aus dem ›Star‹ auf die Straße treten, ist die Abenddämmerung schon angebrochen. Aber bevor Sie sich zu Johnny Rizzo auf den Weg machen, hat erst einmal etwas anderes Vorrang: Ihr knurrender Magen.

→ 9

567

Ihr Verdacht ist berechtigt. Jack Diamond schnupft GOLDEN PARADISE, und das ist eine äußerst seltene Marke. Daß die Dose, die Sie im Wald von Elmhurst gefunden haben, von Diamond stammt, ist also alles andere als unwahrscheinlich. Und wenn sie von ihm stammt, dann steht so gut wie fest, daß er an der Entführung der Tochter seines Bosses beteiligt war.
Für Sie erhebt sich nun die Frage, ob Sie zunächst Diamond ins Gebet nehmen oder gleich mit Luke Morelli sprechen sollen. Sie wissen, wo Sie Morelli und seinen Gehilfen finden können?

129 ← Ja

586 ← Nein

568

Nein, der Buick Frank Millers hatte eine andere Farbe – er war es also bestimmt nicht. Beruhigt betreten Sie das ›Star‹.
Der Laden ist nicht mehr so schäbig, wie Sie ihn in Erinnerung haben. Es laufen keine Nutten mit ihren Freiern herum, und man scheint auch einiges investiert zu haben, um das ganze Interieur aufzupolieren. Vielleicht sind die Änderungen vorgenommen worden, um Luke Morelli einen standesgemäßen Rahmen zu bieten.
Ihnen ist bekannt, welchen ›beruflichen‹ Hintergrund Ihr Auftraggeber hat?

Ja → 193

Nein → 173

569

Als Sie wieder zu sich kommen, wissen Sie zuerst gar nicht, wo Sie sind. Mit einiger Schwierigkeit mühen Sie sich auf die Füße, stellen fest, daß man Ihnen Ihre Pistole abgenommen hat, und machen sich mit Ihrer neuen Umgebung vertraut . . . → 30

570

Sie brauchen Morelli gar nicht anzurufen. Er ruft Sie nämlich an, nicht morgen, sondern heute – mitten in der Nacht. Als Sie in Ihrer Wohnung eintreffen, klingelt das Telefon bereits, schrill und nervend.
Sie wollen zuerst gar nicht drangehen, tun es dann aber doch. Er ist am Apparat, will wissen, was Sie bei Rizzo erreicht haben. Sie drucksen herum, scheuen sich, das Peinliche einzugestehen. Aber es führt kein Weg daran vorbei. Sie müssen ihm schließlich beichten, daß sie geflüchtet sind – vor einem Hund.
Sekundenlang sagt Morelli gar nichts, Sie hören nur seinen schweren Atem. Dann spricht er wieder. Nicht viel, nur zwei Worte: »Sie . . . Null!« Anschließend legt er auf.
Was das zu bedeuten hat? Nun, Freund, Sie können sich als entlassen betrachten. Oder hatten Sie vielleicht etwas anderes erwartet?

571

Was nicht ist, kann ja noch werden, sagen Sie sich, steigen wieder in Ihren Chevy und geben Gas. Eine abermalige Stunde später wissen Sie, daß die in East Chicago beheimatete Firma Bellamy eine Speditionsgesellschaft ist und in der Tat im Hafen ein eigenes Lagerhaus besitzt.

594 ←

572

Der Bankhalter nimmt trotz allem eine weitere Karte. Sie würfeln:

1 → 630

2 → 643

3 → 650

4 → 661

5 → 670

6 → 681

Der Bankhalter hat genau 21 Augen → 246

Er hat 17, 18, 19 oder 20 Augen → 265

Er hat mehr als 21 Augen und somit verloren → 286

Der Kerl spielt falsch, denn die Karte, die er gerade gezogen hat, halten Sie schon in der Hand → 294

573

Ihre Annahme, daß das ›Ace of Spades‹ trotz der weit vorgerückten Stunde noch geöffnet ist, erweist sich als zutreffend. Spielsalons in Chicago, und besonders in Cicero, sind Nachtbetriebe – und richtige Spieler pflegen tagsüber zu schlafen.

Wachsam betreten Sie den vorderen Barraum. Wenn der Kerl mit den vier Fingern anwesend ist – womit Sie eigentlich nicht rechnen –, dann wird er Sie zweifellos ebenfalls auf Anhieb wiedererkennen.

Auch der Barkeeper erkennt Sie wieder. Der Blick, den er Ihnen beim Eintreten zuwirft, wirkt nicht gerade freundlich. Haben Sie etwa bei Ihrem ersten Besuch des Ladens Prügel bezogen?

635 ← Nein

593 ← Ja

574

Es gelingt Ihnen, Ihren Mann nicht aus den Augen zu verlieren. Noch ein kurzer, beherrschter Sprint, dann sind Sie direkt hinter ihm. »Hey, warte doch«, murmeln Sie ihm ins Ohr, »ich bin ja schon da!«

Der Mann bleibt stehen und dreht sich zu Ihnen um. »Ja, ist was?« fragt er.

Sie blicken in ein feistes Schwammgesicht, das Sie garantiert noch nie in Ihrem Leben gesehen haben.

591 ←

575

→ 532

576

Sie wollen zur Hölle fahren, wenn das keine brennende Zündschnur ist, die das Hausboot jeden Augenblick in die Luft jagen kann!

Ganz recht. Und wenn Sie jetzt nicht die Nerven bewahren, wird die Sache mit der Höllenfahrt keine hohle Phrase bleiben, sondern sich in knallharte Realität verwandeln.

Legen Sie eine entsprechende Probe ab. (Wenn Sie gerade Bourbon getrunken haben, müssen Sie auch Ihr Nervenstärkeniveau um eine Stufe senken.) Sie erzielen ein Würfelergebnis von

637 ← 1 bis 2

617 ← 3 bis 4

657 ← 5 bis 6

577

Nachdem die Polizei mit Ihnen fertig ist – vorerst –, steigen Sie in Ihren Chevy und fahren auf dem schnellsten Weg zur Pension ›Chez Louise‹. Sie machen sich Vorwürfe, daß Sie es versäumt haben, sich nach dem ersten Anschlag auf Morelli eingehender um Frank Miller zu kümmern. Hätten Sie dies getan, wäre der zweite, diesmal geglückte Mordversuch vielleicht zu vermeiden gewesen. Jetzt jedoch werden Sie ihn jagen, wenn es sein muß bis ans Ende der Welt. Sie wollen unbedingt herausbekommen, warum er so versessen darauf war, Luke Morelli umzubringen. Und, bei Gott, Sie werden es herausbekommen!

→ 595

578

Sie brauchen eine ganze Weile, bis Sie sich zu dem Entschluß durchringen können, Morelli aufzusuchen. Sie werden ihm alles, was Sie wissen, an den Kopf knallen und auf Erklärungen bestehen.
Natürlich sind Sie sich im klaren darüber, daß dabei allergrößte Gefahr besteht, von ihm oder seinem Adlatus Diamond umgebracht zu werden. Wenn sie jedoch entsprechende Sicherheitsvorkehrungen treffen . . .
Diese Sicherheitsmaßnahmen wollen natürlich gut überlegt sein. Deshalb legen Sie jetzt eine Cleverneßprobe ab und erzielen ein Ergebnis von

596 ← 1 – 2

680 ← 3 – 4

678 ← 5 – 6

579

Natürlich wissen sie, daß es Frank Miller war, der Morelli erschossen hat – sie haben den Kerl inzwischen auch bei der Polizei gemeldet. Aber, fragen Sie sich, was
597 ← kümmert der Mann Sie jetzt?

580

Der Bankhalter nimmt trotz allem eine weitere Karte. Sie würfeln:

1 → 630

2 → 643

3 → 650

4 → 661

5 → 670

6 → 681

Der Bankhalter hat genau 21 Augen → 246

Er hat 17, 18, 19 oder 20 Augen → 265

Er hat mehr als 21 Augen und somit verloren → 286

Der Kerl spielt falsch, denn die Karte, die er gerade gezogen hat, halten Sie schon in der Hand → 294

581

Sehr klug von Ihnen, nicht im Wagen zu warten, denn von da aus könnten Sie nur den Vordereingang des ›Black Fish‹ im Auge behalten. Bei dem geheimnisvollen Getue Morellis ist jedoch anzunehmen, daß er den Hinterausgang in der Clark Street nehmen wird.

Als Sie um die Ecke biegen, sehen Sie ihn schon. Er muß unmittelbar nach Beendigung des Gesprächs mit Ihnen aufgebrochen sein und schickt sich gerade an, einen silbergrauen Cadillac zu besteigen, dessen Hintertür ihm Jack Diamond aufhält.

Jetzt heißt es für Sie, schnell zu handeln. Legen Sie eine Probe Ihrer Reaktionskraft ab. Sie erzielen ein Ergebnis von

600 ← 1 – 2

622 ← 3 – 4

2 ← 5 – 6

582

Da haben Sie sich aber ganz schön blamiert. Eine knallharte Rechte Moffets sorgt dafür, daß ein wunderschönes Veilchen Ihr rechtes Auge ziert. In den nächsten beiden Tagen wird Ihre Ausstrahlungskraft an diesem Makel leiden. Bevor der Falschspieler Ihnen noch weiteren körperlichen Schaden zufügen kann, greifen die anderen Blackjacker ein und erteilen Moffet die Lektion, die er verdient.

Senken Sie das Niveau Ihrer Ausstrahlungskraft um 1 Stufe

An Weiterspielen ist nach dem unangenehmen Vorfall an diesem Abend natürlich nicht zu denken. So gehen Sie nach Hause, legen sich ins Bett und sammeln frische Kräfte für die schwere Aufgabe, die morgen vor Ihnen liegt.

→ 651

583

Direktor Regan verabschiedet sich von Ihnen – er hat andere Pflichten. Frank Miller hingegen, der sympathische Lehrer, steht Ihnen auch weiterhin zur Verfügung. Er bringt Sie in den Wohntrakt des Internats, wo es hoch hergeht. Inzwischen ist nämlich der morgendliche Unterricht zu Ende gegangen und die Schülerinnen strömen in ihre Zimmer, um sich fürs Mittagessen fertig zu machen. Mädchen in allen Altersklassen kreuzen Ihren Weg. Die jüngeren kichern bei Ihrem Anblick, aber unter den älteren sind ein paar, die Ihnen durchaus interessierte Blicke zuwerfen. Wäre vielleicht gar nicht so übel, hier Lehrer zu sein, denken Sie und betreten mit
604 <— Miller das Zimmer Gloria Morellis.

584

Sie gehen mit Gloria zunächst zum gemeinsamen Zimmer der beiden Mädchen. Aber da ist Mary-Lou längst nicht mehr. Wie Sie später erfahren, hat sie gleich nach dem Verlassen des Lehrerzimmers auch die Schule verlassen. Sie wird nie wieder gesehen. Ebensowenig wie die Million, die Luke Morelli seinem Gangsterkumpan Johnny Rizzo unterschlagen haben soll. Wenn Sie da irgenwelche Zusammenhänge vermuten, dann vermuten Sie übrigens richtig . . .

585

Es spricht nicht gerade für detektivische Meisterschaft, daß Ihnen der Aufenthaltsort Ihres Auftraggebers noch unbekannt ist. Rufen Sie doch mal den Rechtsanwalt Foxstone an. Vielleicht verrät der Ihnen ja, wo Sie Luke Morelli finden können. → 606

586

Sie kennen Morellis Adresse nicht? Da ist Ihnen aber ein Versäumnis unterlaufen. Nun, dann rufen Sie doch mal den Verbindungsmann Morellis an, den Rechtsanwalt Foxstone. → 607

587

Fieberhaft überlegen Sie, was Sie sagen könnten. Was Ihnen schließlich einfällt, klingt eigentlich ganz glaubhaft, finden Sie.

»Ich möchte mit Mr. Rizzo sprechen«, erklären Sie. »Und da auf mein Klingeln an der Gartentür niemand geöffnet hat . . .«

»Bist du einfach über den Zaun gestiegen«, vervollständigt der Vierschrötige.

»Genau«, geben Sie ihm recht.

Der Mann grinst. »Well, hätte ich an deiner Stelle auch gesagt. Aber wir werden schon herausfinden, was du hier wirklich suchst. Marsch!« Mit einer eindeutigen Bewegung seiner Revolverhand dirigiert er sie in Richtung Haus. → 610

588

Sie verdrängen Miller aus Ihren Gedanken, weil wirklich kein Anlaß besteht, jetzt über Gloria Morellis Lehrer nachzusinnen, schlürfen weiter Ihren Bourbon und warten auf Morelli.

628 ←

589

Sie steigen vor Ihrem Haus aus dem Wagen. Und da steht jemand, der offenbar schon auf Sie wartet: ein Cop.
Haben sie etwas von der Polizei zu befürchten – beispielsweise ein Verfahren wegen verbotenen Glücksspiels?

609 ← Ja

668 ← Nein

590

Sie verbringen die Wartezeit, indem Sie sich in eine Ecke des kahlen Raums setzen. Wieviel Zeit vergeht, können Sie nur schätzen – irgendwie funktioniert Ihre Armbanduhr nicht mehr. In jedem Fall gewinnen Sie eine gewisse Vorstellung davon, wie lange wohl die Ewigkeit dauert.

Schließlich kommt doch Bewegung in die Dinge. Vor der Tür werden Schrittgeräusche laut, ein Schlüssel dreht sich im Schloß, vier Männer treten ein. Mit leicht schlotternden Knien erheben Sie sich.

→ 612

591

Kein Vierschrötiger, kein Schnurrbärtiger, kein Hasenschartiger – ein völlig Fremder. Sieht ganz so aus, als hätten Sie sich den falschen Mann ausgesucht.

»Sorry«, murmeln Sie bedrückt, »habe Sie wohl verwechselt.«

Hastig blicken sie sich nach allen Seiten um. Erfolglos – der ›richtige‹ Mann ist längst über alle Berge.

→ 615

592

Diese Karte bricht ihm den Hals, oder? Er nimmt dennoch eine weitere. Sie würfeln:

630 ← 1

643 ← 2

650 ← 3

661 ← 4

670 ← 5

621 ← 6

246 ← Der Bankhalter hat genau 21 Augen

265 ← Er hat 17, 18, 19 oder 20 Augen

286 ← Er hat mehr als 21 und damit verloren

294 ← Der Kerl spielt falsch, denn die Karte, die er gerade gezogen hat, haben Sie selber

593

Na, dann ist der schiefe Blick des Keepers ja nur allzu verständlich. Leute, die den Spielfrieden stören, gleichgültig aus welchen Gründen, sind in jedem Salon höchst unbeliebt. Daß er Ihnen deshalb keinerlei Auskünfte über den Vierfingrigen gibt, sondern Sie mit einem sofort wirksamen Lokalverbot belegt, sollte Sie also nicht wundern.

Natürlich könnten Sie das Lokalverbot ignorieren und sich nichtsdestotrotz daran machen, andere Gäste nach dem Kerl mit der verstümmelten Hand zu befragen. Aber das ist nicht ratsam – in Unterweltskaschemmen macht man da allgemein kurzen Prozeß. Und natürlich könnten Sie sich auch draußen vor dem ›Ace of Spades‹ aufbauen und darauf warten, daß der Vierfingrige ganz von selbst vorbei kommt. Ist allerdings nicht ratsam – unter Umständen können Sie so lange da stehen, bis Ihnen ein Bart bis auf die Brust wächst.

Besser wäre wohl, wenn Sie sich selbst eingestehen, daß Ihnen der Gesuchte so schnell wieder verloren gegangen ist, wie Sie ihn zu finden geglaubt haben.

→ 614

594

Sie hätten nie gedacht, daß es irgendwo in Chicago so still und verlassen sein kann wie an diesem Abend im Hafen von East Chicago. Kein Mensch weit und breit, kein fahrendes Auto, kaum ein Laut. Ideale Voraussetzungen also für Ihre große Befreiungsaktion!

613 ←

595

Natürlich stellt sich Ihnen wieder die matronenhafte Pensionswirtin in den Weg. Aber Sie beachten sie gar nicht, schieben sie einfach zur Seite und eilen mit federnden Schritten die Treppe hoch. Sie sind sich recht zuversichtlich, daß Miller in seinem Zimmer ist. Die meisten Gewaltverbrecher haben nach vollbrachter Tat das Bedürfnis, an einem vermeintlich sicheren Ort Unterschlupf zu suchen. Und da kommt für Miller eigentlich nur diese Pension in Frage. Warum sonst hätte er sich hier einmieten sollen?

Nun, Sie werden ihm einen Strich durch die Rechnung machen.

620 ←

596

Den besten Schutz gegen Mörderkugeln bietet natürlich eine Bleiweste, finden Sie. Sie besaßen auch mal eine, die Sie jedoch vor ein paar Monaten versetzen mußten, weil zu diesem Zeitpunkt akute Ebbe in Ihrer Kasse herrschte. Aber Sie könnten sich jetzt natürlich eine neue beschaffen – Nat Bush, der Trödler an der nächsten Ecke, hat immer mehrere von diesen Dingern vorrätig. Für hundert Dollar sollten Sie ein gut erhaltenes Exemplar erwerben können.

Sie gehen zu Nat Bush und kaufen eine Bleiweste → 618

Sie können oder wollen dafür keine hundert Dollar aufwenden → 639

597

In der Tat, was kümmert Sie der nach wie vor für Sie völlig undurchsichtige Fall überhaupt noch? Sie haben ja jetzt Gloria Morelli, die, verarmt wie sie ist, inzwischen auf Dauer bei Ihnen wohnt. Heiraten Sie das Mädchen einfach und vergessen Sie die ganze Geschichte . . .

598

Als Mary-Lou Frazetta nach einer Viertelstunde noch nicht zurückgekehrt ist, werden Sie langsam argwöhnisch. Zusammen mit Gloria machen Sie sich auf die Suche nach dem Mädchen. Sind Sie klug genug, gleich an der richtigen Stelle zu suchen? Legen Sie eine Cleverneßprobe ab. Ihr Würfelergebnis lautet

584 ← 1 – 3

619 ← 4 – 6

599

Es ist Ihnen absolut rätselhaft, aus welchem Grund Miller sich an Ihre Fersen geheftet hat. Aber Sie werden es herausfinden, und zwar sofort. Bevor der Lehrer dazu kommt, in seinen Wagen zu steigen, sind Sie schon aus Ihrem Chevy heraus und gehen zielbewußt zu ihm hinüber.

Er sieht Sie kommen und erkennt, daß weiteres Versteckspielen sinnlos ist. Lächelnd
605 ← blickt er Ihnen entgegen.

600

Sie sind zu langsam. Bis Sie es geschafft haben, zu Ihrem Wagen zu laufen und hineinzuspringen, rollt der Cadillac bereits an. Und als Sie nach einem hastigen Wendemanöver in die Clark Street einbiegen, ist die Limousine weg. Und da in diesem Moment im ›Black Fish‹ die Rolladen runtergehen, können Sie jetzt nur noch

morgen früh Ihr Glück bei Rechtsanwalt Foxstone versuchen → 43

aufhören, Morellis Identität nachzuspüren, und sich statt dessen gleich auf die Suche nach seiner Tochter machen → 63

601

Simon Moffet hat letzten Endes keine Chancen gegen Sie. Sie befördern ihn mit einem Fußtritt auf die Straße.
An Weiterspielen ist nach diesem Vorfall heute abend natürlich nicht zu denken. So gehen Sie nach Hause, legen sich ins Bett und sammeln Kräfte für die schwere Aufgabe, die morgen vor Ihnen liegt. → 651

602

Sie verdrängen Miller aus Ihren Gedanken, weil wirklich kein Anlaß besteht, jetzt über den Mann nachzusinnen, schlürfen weiter Ihren Bourbon und warten auf Morelli. → 111

603

Was denn? Der Bankhalter nimmt eine weitere Karte? Sie würfeln:

630 ← 1

643 ← 2

650 ← 3

661 ← 4

670 ← 5

681 ← 6

246 ← Der Bankhalter hat genau 21 Augen

265 ← Er hat 17, 18, 19 oder 20 Augen

286 ← Er hat mehr als 21 und damit verloren

294 ← Der Kerl spielt falsch, denn die Karte, die er gerade gezogen hat, haben Sie selber

604

Mary-Lou Frazetta ist bereits anwesend, ein leidlich hübsches Mädchen mit langen schwarzen Haaren und einer Figur, die man nicht unbedingt in einem züchtigen Internat erwartet. Sie erkennen aber schnell, daß Sie bei ihr keine Chancen hätten. Mary-Lou hat nur Augen für Frank Miller, himmelt ihn förmlich an. Und wenn Sie genau hinsehen, erkennen Sie sogar noch etwas.

Legen Sie eine Probe Ihres Beobachtungsvermögens ab. Sie würfeln

1–2 —> 631

4–6 —> 624

605

Eigentlich hatten Sie geglaubt, daß Miller jetzt mit Ausflüchten kommen würde. Aber Sie haben sich getäuscht. Statt Ihnen mit Bemerkungen wie »Was für ein Zufall, daß wir uns hier treffen« oder »Ich bin auf dem Weg zu meiner Mutter« zu kommen, gibt er offen zu, daß er Ihnen gefolgt ist. Und das aus gutem Grund.

»Wissen Sie«, sagt er, »ich fühle mich mitverantwortlich dafür, daß Gloria entführt wurde. Schließlich bin ich ihr Lehrer. Hätte ich meine Aufsichtspflicht besser wahrgenommen . . .« Und dann erklärt er Ihnen, daß es seine feste Absicht sei, Ihnen bei der Suche nach dem verschwundenen Mädchen zu helfen.

625 ← Sie finden sein Anerbieten überlegenswert

646 ← Sie lehnen kategorisch ab

606

Foxstone gibt Ihnen überraschend bereitwillig Luke Morellis Adresse: Hotel ›Star‹. Sie kennen das ›Star‹, eine nicht gerade gut beleumundete Absteige im Hafenviertel, und wundern sich ein bißchen, daß ein so gutsituierter Mann wie Morelli in einem derartig schäbigen Domizil wohnt. Aber sei's drum – Sie fahren jetzt hin.
Arbeiten Sie noch allein oder haben Sie den Lehrer Frank Miller als Mitarbeiter verpflichtet?

Miller ist Ihr Mitarbeiter → 627

Miller ist nicht Ihr Mitarbeiter → 6

607

Bereitwillig gibt Ihnen Foxstone die Adresse Morellis. Ihr Auftraggeber wohnt im Hotel ›Star‹.
Sie kennen das ›Star‹ – eine nicht gerade gut beleumundete Absteige im Hafenviertel –, und wundern sich ein bißchen, daß ein so wohlsituierter Mann wie Morelli in einem solch schäbigen Domizil residiert. Aber wie auch immer, Sie fahren jetzt hin.
Haben sie eigentlich den Lehrer Miller als Mitarbeiter engagiert?

Miller ist Ihr Mitarbeiter → 626

Miller ist nicht Ihr Mitarbeiter → 210

608

576 ←

609

Der Cop kommt ohne Umschweife zur Sache: Zweihundert Dollar ›Bußgeld‹, und das Verfahren wird wegen Geringfügigkeit eingestellt. Ansonsten . . . Unheilschwanger läßt der Uniformierte den Rest des Satzes in der Luft hängen.
Ihnen ist völlig klar, daß das sogenannte Bußgeld in die Tasche dieses Polizisten und seines genauso korrupten Vorgesetzten wandern wird. Andererseits wissen sie aber auch, daß die Kerle Ihnen großen Ärger bereiten können, wenn sie die Zahlung verweigern.

Zähneknirschend geben Sie dem Mann die zweihundert Mäuse → 629

Sie können oder wollen nicht zahlen → 653

610

Betont gemessenen Schritts und bedroht vom Revolver des in kurzem Abstand folgenden Vierschrötigen, gehen Sie über den kurzgeschorenen Rasen zur Villa hinüber.
Zu Ihrer Erleichterung ist der Riesenschnauzer nicht mehr in der Nähe – nachdem er seine Pflicht getan hat, überläßt er alles weitere den menschlichen Bewohnern des Anwesens. Trotzdem fühlen Sie sich alles andere als wohl in Ihrer Haut. Nur zu gut wissen Sie, daß man Ihnen gleich gehörig auf den Zahn fühlen wird. Und was dann mit Ihnen geschieht . . .
Nein, so weit darf es nicht kommen. Sie müssen versuchen, den Vierschrötigen zu überwältigen, ehe Sie das Haus erreicht haben. Ohne noch lange zu überlegen, wirbeln Sie herum. Bevor der von Ihrer Aktion völlig überraschte Mann reagieren kann, haben Sie ihn bereits angesprungen und zu Fall gebracht.
Eine Körperkraftprobe muß beweisen, ob Sie ihn überwältigen können. Sie würfeln eine

11 ← 1 bis 2

632 ← 3 bis 4

32 ← 5 oder 6

611

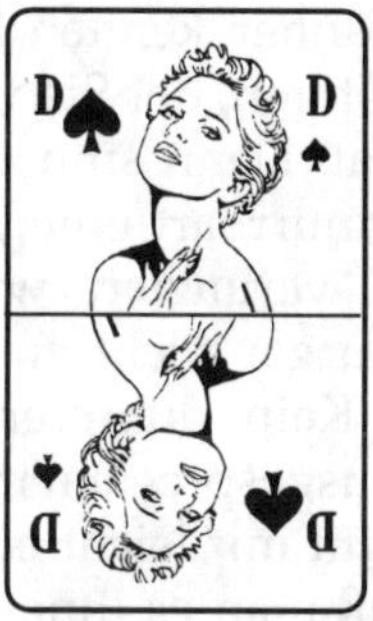

Na, oder? Der Bankhalter nimmt noch eine weitere Karte. Sie würfeln:

1 → 630

2 → 643

3 → 650

4 → 661

5 → 670

6 → 681

Der Bankhalter hat genau 21 Augen → 246

Er hat 17, 18, 19 oder 20 Augen → 265

Er hat mehr als 21 Augen und somit verloren → 286

Der Kerl spielt falsch, denn die Karte, die er gerade gezogen hat, halten Sie schon in der Hand → 294

612

Einen der Männer kennen Sie bereits – den Vierschrötigen, der Sie vorhin niedergeschlagen hat. Dann sind da noch einer mit einem Schnurrbart, einer, der von einer Hasenscharte verunziert wird, und ein vierter, der so gar nicht zu den anderen passen will. Kein dumpfer Schlägertyp, sondern ein ausgesprochen intelligent aussehender Mann mit leicht ergrauten Haaren. Ohne daß man es Ihnen sagt, wissen
634 ← Sie, daß Sie Johnny Rizzo vor sich haben.

613

Mit ausgeschalteten Scheinwerfern und kleiner Tourenzahl fahren Sie ganz dicht an das Bellamy-Lagerhaus heran, halten an und steigen aus.

Das Lagerhaus entpuppt sich als alter, aber ziemlich massiver Ziegelbau. Sie schleichen einmal vorsichtig um das ganze Gebäude und machen dann vor dem Eingang halt. Ein schweres Eisentor, zusätzlich gesichert durch ein ebensolches Vorhängeschloß, verwehrt den Zutritt.

Fachmännisch stellen Sie fest, daß es kaum möglich sein wird, auf diesem Weg hereinzukommen. Aber da sind ja noch die Fenster, leicht vom Erdboden aus erreichbar und nur mit einem engmaschigen Drahtgeflecht versehen. Bevor Sie sich jedoch an einem der Fenster zu schaffen machen, ent-
633 ← decken Sie etwas . . .

614

Resigniert fahren Sie nach Hause. Sie sind praktisch wieder am Anfang, haben keine echte Spur, keinen konkreten Anhaltspunkt, wo Gloria Morelli versteckt sein könnte. Es ist wirklich deprimierend.
Lebt Luke Morelli eigentlich noch?

Natürlich lebt Ihr Auftraggeber noch → 279

Morelli ist tot → 295

615

Na, dann kehren Sie mal in Ihre Wohnung zurück. Sie können sich ja wieder ins Bett legen und weiterpennen. → 636

616

Sie sind gerade dabei einzuduseln, als das Telefon auf dem Schreibtisch nervtötend schrillt. Automatisch fahren Sie hoch und langen nach dem Hörer. Im letzten Augenblick jedoch zuckt Ihre Hand zurück. Der Anrufer kann nur Morelli sein, der sich nach dem Stand der Dinge erkundigen will. Und da Sie nicht so recht wissen, was Sie ihm sagen sollen, wollen Sie jetzt auch nicht mit ihm reden. Dieser Überlegung folgend, legen Sie ein Kissen auf den immer noch läutenden Apparat und versuchen wieder einzuschlafen. → 638

617

Sie gehen federnd in die Knie, tauchen beide Hände in den Michigansee und schaufeln Wasser in Richtung der brennenden Zündschnur. Aber Ihre Bemühungen sind erfolglos – die Lunte lodert weiter. Ihnen bleiben jetzt nur noch Sekundenbruchteile, um das Unheil doch noch abwenden zu können. Gedankenschnelles Reagieren ist das Gebot des Augenblicks.
Legen sie eine entsprechende Probe ab. Sie würfeln eine

637 ← 1 – 3

657 ← 4 – 6

618

Veringern Sie Ihren Kontostand auf dem Protokoll um 100 $

Nat Bush hat eine Bleiweste für Sie, die nicht nur äußerst kugelresistent ist, sondern darüber hinaus auch noch einen einzigartigen Memorabilienwert besitzt: Sie hat, wie der Trödler glaubhaft versichert, früher einmal dem berühmten Prohibitionsagenten Eliot Ness gerhört.
Mit dem schönen Gefühl, sowohl einen erstklassigen Körperschutz erworben als auch ein ganz tolles Schnäppchen gemacht zu haben, kehren Sie in Ihre Wohnung zurück.

18 ←

619

Als ob Sie es nicht geahnt hätten! Sie eilen auf den Vorplatz der Schule und sehen gerade noch rechtzeitig, wie Mary-Lou Frazetta das Schulgebäude verläßt und zur unweiten Bushaltestelle läuft, wo ein abfahrbereiter Bus nur noch auf sie zu warten scheint. Zum Glück sind Sie schneller und können das Mädchen am Einsteigen hindern.
Und erst jetzt bricht Mary-Lou seelisch richtig zusammen – all das vorher war mehr oder weniger nur eine gut vorgetragene Schau.

→ 663

620

Sie haben das erste Stockwerk erreicht und gehen jetzt lautlos den Gang zu den Zimmern hinunter. Vor Nummer 19 machen Sie halt, zücken Ihre Pistole und entsichern sie. Aber Sie überstürzen nichts. Bevor Sie in das Zimmer eindringen, versuchen Sie zunächst, sich Klarheit über die Situation zu schaffen. Sie gehen in die Knie, kneifen ein Auge zu und blicken durchs Schlüsselloch ins Innere des Zimmers. Sie sehen ... nichts – offenbar steckt der Schlüssel von innen.

Und dann erleben Sie eine unangenehme Überraschung. Sie hören ein Geräusch in Ihrem Rücken und spüren fast im gleichen Augenblick etwas Hartes, Kaltes im Nakken.

»Dachte ich mir's doch, daß Sie das waren, der mir nachspioniert hat«, dringt Millers Stimme mit eisiger Kälte an Ihr Ohr.

Nerven bewahren, sagen Sie im stillen zu sich selbst und legen eine entsprechende Probe ab. Ihr Ergebnis lautet

640 ← 1 bis 3

660 ← 4 bis 6

621

Geh kaputt! Aber er nimmt noch eine weitere. Sie würfeln für ihn aus:

1 → 630

2 → 643

3 → 650

4 → 661

5 → 670

6 → 681

Der Bankhalter hat genau 21 Augen → 246

Er hat 17, 18, 19 oder 20 Augen → 265

Er hat mehr als 21 Augen und somit verloren → 286

Der Kerl spielt falsch, denn die Karte, die er gerade gezogen hat, halten Sie schon in der Hand → 294

622

Sie sind ein bißchen langsam. Bis Sie es geschafft haben, zu Ihrem Wagen zu laufen und hineinzuspringen, rollt der Cadillac bereits an. Und als Sie nach einem hastigen Wendemanöver in die Clark Street einbiegen, ist von der Luxuslimousine schon nichts mehr zu sehen. Diamond muß gleich die nächste Seitenstraße genommen haben.
Was sagt Ihr ›sechster Sinn‹ – ist er links oder rechts abgebogen? Sie legen eine entsprechende Probe ab und würfeln eine

642 ⟵ 1 bis 3

682 ⟵ 4 bis 6

623

Nicht unbedingt sehr klug, was Sie da gemacht haben. Klar, der Cop nimmt Simon Moffet mit dem größten Vergnügen in seine Obhut – das zuständige Revier wollte dem kleinen Gauner schon lange mal etwas Beweisbares anhängen.

Aber auch Sie werden nicht ungeschoren davonkommen. Blackjack ist ein unerlaubtes Glücksspiel. Und da Sie sich praktisch selbst angezeigt haben, kann Ihnen auch Charly Puffin mit seinem Einfluß beim Lieutenant nicht helfen. Machen Sie sich also auf ein Strafverfahren gefaßt.

Notieren Sie das anhängige Verfahren auf dem Protokoll

An Weiterspielen ist nach dem unangenehmen Vorfall an diesem Abend natürlich nicht zu denken. So gehen Sie nach Hause, legen sich ins Bett und sammeln frische Kräfte für die schwere Aufgabe, die morgen vor Ihnen liegt.

→ 651

624

Ihrem geschulten Auge bleibt nicht verborgen, daß die offenkundige Verliebtheit Mary-Lous nicht einseitiger Natur ist. Auch Lehrer Miller sieht in dem Mädchen ohne jeden Zweifel mehr als eine Schülerin unter vielen. Die Art, wie er sie ansieht, ist alles andere als pädagogisch. Und daß er ihr in einem Augenblick, in dem er sich von Ihnen unbeobachtet glaubt, unverkennbar zärtlich über das Haar streicht, spricht eindeutig für ein Verhältnis zwischen den beiden, das dem Internatsdirektor ganz und gar nicht gefallen dürfte. Irgendwie, denken Sie, gibt es da doch so einen Paragraphen im Strafgesetzbuch ...
Sie lassen sich Ihre Überlegungen jedoch nicht anmerken, sondern fangen an, dem Mädchen einige Fragen zu stellen.

664 ←

625

Warum eigentlich nicht? fragen Sie sich. Einen Helfer kann man immer gebrauchen, noch dazu einen, der nichts kostet. Außerdem kennt Miller das verschwundene Mädchen, ein Umstand, der sich unter Umständen als vorteilhaft erweisen könnte.

Sie durchdenken das Ganze noch einmal kurz, nicken dann und sagen dem Lehrer, daß Sie einverstanden sind. Unter einer Bedingung allerdings: Es geschieht nur das, was Sie wollen – keine Extratouren von seiner Seite.

Frank Miller verspricht hoch und heilig, sich Ihnen vollkommen unterordnen zu wollen. »Sie sind der Boß!« sagt er feierlich.

Sie und der Lehrer besiegeln Ihre Partnerschaft mit einem Händedruck unter Männern. Anschließend fahren sie gemeinsam in Richtung Chicago, Sie vorneweg, er in seinem Wagen hinterher.

→ 228

626

Sie halten es nicht für angebracht, daß Miller bei der Unterredung, die Sie jetzt führen werden, anwesend ist. Deshalb lassen Sie ihn in einem Speak gegenüber dem ›Star‹ warten und betreten das Hotel allein.
Der Laden ist nicht mehr so schäbig, wie Sie ihn in Erinnerung haben. Es laufen keine Nutten mit ihren Freiern herum, und man scheint auch einiges investiert zu haben, um das ganze Interieur aufzupolieren. Vielleicht sind die Änderungen vorgenommen worden, um außergewöhnlichen Gästen wie Luke Morelli einen passenden Rahmen zu bieten.
Bei dieser Gelegenheit: Meinen Sie nicht, daß es langsam Zeit wird, Klarheit über die Identität Morellis zu gewinnen? Fragen sie doch mal den südländischen Typ an der Rezeption. Der Bursche sieht so gelangweilt aus, daß er bestimmt für ein kleines
647 ← Schwätzchen zu haben ist.

627

Es sieht nicht gut aus, wenn Sie Miller zu dem Gespräch mit Luke Morelli mitnehmen. Deshalb lassen Sie ihn in einem Speak gegenüber dem Hotel warten und
652 ← betreten das ›Star‹ allein.

628

Luke Morelli läßt Sie nicht lange warten. Schon nach wenigen Minuten ist er bei Ihnen, elegant gekleidet wie gestern und sichtlich gespannt auf das, was Sie ihm zu sagen haben. Und Sie sagen es ihm.
Morelli ist entsetzt, will es gar nicht glauben. Aber Sie merken ihm an, daß er innerlich sehr wohl von Ihren Worten überzeugt ist. Schließlich nickt er langsam.
»Ja«, sagt er tonlos, »es stimmt. Ich hatte schon immer den Argwohn, daß Jack im Lager von Johnny Rizzo steht. Diese Schweine! Wenn sie Gloria haben, dann haben sie mich in der Hand.«
Er ballt die Fäuste. Aber sein Zorn wird deutlich von der Sorge um seine Tochter überlagert. Auch wenn er ein Gangster ist – Sie fühlen mit ihm. Und außerdem ist er natürlich der Mann, von dem Sie Ihr Geld bekommen. Mobster hin, Mobster her – solange Sie nichts tun müssen, was gegen das Gesetz verstößt . . .

→ 649

629

Mit schmierigem Grinsen sackt der Cop die 200 $ ein. Er gibt Ihnen eine Quittung, auf der die Spalte ›Verwendungszweck‹ vollkommen unleserlich ist, wünscht Ihnen noch einen angenehmen Abend und trollt sich. Sie schicken ihm einen – nicht allzu lauten – Fluch hinterher und greifen dann verbittert nach dem Haustürschlüssel.

Tragen Sie die 200 $ auf dem Protokoll ab.

→ 10

630

Ein befriedigendes Lächeln schleicht in Ihre Züge, das der Bankhalter mit einen bösen Blick quittiert. Aber der hilft ihm gar nichts.

286 ← Der Bankhalter hat mehr als 21 Augen und damit verloren

294 ← Der Kerl spielt falsch, denn die Karte, die er da gerade gezogen hat, halten Sie schon in der Hand

631

Nein, Sie haben sich wohl getäuscht – da war nichts weiter. Sie schieben alle spekulativen Überlegungen zur Seite und fangen
664 ← an, dem Mädchen einige Fragen zu stellen.

632

Der Vierschrötige überwindet seine Überraschung sehr schnell und setzt sich energisch zur Wehr. Kräftemäßig können sie zum Glück mit ihm mithalten, und so beginnt ein zähes Ringen. Die größere Ausdauer wird darüber entscheiden, wer letzten Endes die Oberhand gewinnt.
Legen sie eine entsprechende Probe ab. Sie würfeln

1 – 3 ⟶ 654

4 – 6 ⟶ 667

633

Eine noch leicht glimmende Zigarettenkippe, unmittelbar vor dem Eisentor! Es war also jemand hier, noch vor wenigen Minuten. Sie beißen sich auf die Lippen – hätten Sie doch nur nicht zuerst die falsche Firma Bellamy aufgesucht! Wenn man Gloria Morelli vielleicht gerade erst weggebracht hat – wäre ja nicht auszudenken. Sie treten an eins der Fenster, stellen sich auf die Zehenspitzen und rufen leise ins Innere des Lagerhauses: »Hallo, ist da jemand?« Antwort kommt von unerwarteter Seite . . . ⟶ 655

634

Rizzo kommt gleich zur Sache. »Also, Freundchen«, sagt er, »nun verrat uns mal, warum du hier bei mir eingestiegen bist. Aber ein bißchen plötzlich, wenn ich bitten darf!« Ein fordernder Blick aus eiskalten Augen durchbohrt Sie.

644 ← Sie legen sofort ein volles Geständnis ab

156 ← So schnell geben Sie nicht klein bei

635

Prügel? Keine Rede davon. Und der Keeper ist auch nicht speziell unfreundlich zu Ihnen. Wahrscheinlich guckt er nur so mürrisch aus der Wäsche, weil er all die späten Gäste, die ihn daran hindern, ins Bett zu gehen, zum Teufel wünscht. Als Sie ihn nach dem Vierfingrigen fragen – unter einem Vorwand, versteht sich –, ist er sofort bereit, Ihnen Auskunft zu geben.
Der Typ, Vier-Finger-Butch genannt, hat vor einer ganzen Weile das Lokal verlassen, weil er noch etwas erledigen wollte. Ob er vielleicht noch einmal wiederkommt? Nein, sicherlich nicht. Aber der Keeper hat mitbekommen, daß sich Butch für später zu einer privaten Kartenrunde bei einem gewissen Chuck Potter verabredet hat. Und wo dieser Potter wohnt, das weiß der brave Mann hinter dem Tresen auch.

656 ← Sie machen sich sofort auf den Weg.

636

Nein, nach Schlafen steht Ihnen jetzt nicht der Sinn. Dazu sind Sie viel zu wütend, wütend auf sich selbst. Und jetzt haben Sie eine teuflisch unangenehme Aufgabe zu erfüllen: Wohl oder übel müssen Sie Luke Morelli anrufen und ihm Bericht erstatten.

→ 658

637

Sie machen einen wilden Hechtsprung und versuchen, die brennende Lunte von der Bordwand zu reißen. Und fast hätten Sie es auch geschafft. Denn genau in dem Augenblick, in dem Sie die Zündschnur packen wollen, passiert es . . .

→ 648

638

Eine Weile später schrecken Sie abermals hoch. Diesmal ist die Ursache ein Geräusch, das Sie gehört haben, ein Geräusch, das aus der Schlafkammer kam. War irgend etwas mit Gloria Morelli nicht in Ordnung? Lautlos erheben Sie sich von der Couch und gehen auf leisen Sohlen zur Schlafkammer hinüber. Und als Sie an der offenstehenden Tür sind, glauben Sie Ihren Augen nicht trauen zu dürfen: Vor dem Bett steht ein Mann, der gerade einen Revolver auf die ahnungslos schlafende Gloria richtet . . .

→ 659

639

Bleiwesten sind ohnehin mehr etwas für Feiglinge, reden Sie sich ein. Sie werden eben, wenn Sie Luke Morelli gegenüberstehen, ganz besonders wachsam und vorsichtig sein.

18 <—

640

Ihr Nervenkostüm hält der Belastung nicht stand. Die Pistolenmündung in Ihrem Nacken läßt Ihren Körper mit einem unkontrollierten Zucken reagieren. Und dieses Zucken deutet Frank Miller falsch. Er glaubt vermutlich, daß Sie Widerstand leisten wollen und drückt ohne zu zögern ab. Sie sind auf der Stelle tot.
Tragisch, so kurz vor der Lösung des Falles noch vom Schicksal ereilt zu werden . . .

641

Sie warten ein paar Augenblicke und gehen Mary-Lou Frazetta dann nach.
Und wohin will das Mädchen – auf ihr Zimmer? Keineswegs! Sie verläßt das Schulgebäude und eilt mit schnellen Schritten zur unweiten Bushaltestelle, wo ein abfahrtbereiter Bus nur noch auf sie zu warten scheint. Zum Glück sind Sie schneller und können sie am Einsteigen hindern. Erst jetzt bricht Mary-Lou seelisch richtig zusammen – all das vorher war mehr oder weniger nur eine gut vorgetragene Schau. → 663

642

Sie entscheiden sich für die linke Straßenseite. Das jedoch erweist sich als Fehler – Sie bekommen den Cadillac nicht wieder ins Visier. Und als Sie zum ›Black Fish‹ zurückfahren, sind dort inzwischen schon die Rolladen heruntergegangen. Jetzt können Sie nur noch

morgen früh Ihr Glück bei Rechtsanwalt Foxstone versuchen → 43

aufhören, Morellis Identität nachzuspüren, und sich statt dessen gleich auf die Suche nach seiner Tochter machen → 63

643

So spielt man mit Studenten, denken Sie, während der Bankhalter resigniert sein Blatt zusammenfaltet.

286 ← Der Bankhalter hat mehr als 21 Augen und damit verloren

294 ← Der Kerl spielt falsch, denn die Karte, die er da gerade gezogen hat, halten Sie schon in der Hand

644

Aus Erfurcht vor den grauen Haaren und dem bestimmenden Wesen des Gangsterbosses sagen Sie alles, was zu sagen wäre – daß Sie im Auftrag Luke Morellis nach dessen Tochter suchen, daß Sie über den Verrat Jack Diamonds im Bilde sind, daß . . .
Waren Sie eigentlich dabei, als auf Morelli ein Attentat verübt wurde?

Sie wissen von keinem Attentat → 675

Ja, Sie waren Zeuge des Attentats → 13

645

Simon Moffet gibt sich ganz als reuiger Sünder. Er rechtfertigt sein böses Tun mit den drei Kindern, die er ernähren muß, seiner kranken Frau und dem hinterlistigen Betrüger, der ihn beim Pferderennen um seine Ersparnisse gebracht hat.
Das Gewinsel rührt aber weder Sie noch die anderen Mitspieler. Einstimmig verdonern Sie Moffet dazu, alles Geld, was Sie bisher beim Spielen verloren haben, wieder herauszurücken und für jeden eine Wiedergutmachungszahlung in Höhe von 20 $ pro Kopf dazuzulegen.
Die Lust zum Weiterspielen ist Ihnen allerdings vergangen. So gehen Sie nach Hause, legen sich ins Bett und sammeln frische Kräfte für die schwere Aufgabe, die morgen vor Ihnen liegt.

Verbuchen Sie die Einnahme auf dem Protokoll

→ 651

646

»Sorry, Mister Miller«, sagen Sie entschieden. »Ich kann keine Amateure gebrauchen, die mir ins Handwerk pfuschen.« Dann fordern Sie ihn auf, schön brav zu seiner Schule zurückzufahren und die Arbeit den Profis zu überlassen.
Aber der Lehrer bleibt widerspenstig. Unverblümt macht er Ihnen klar, daß er nicht gedenkt, sich abschütteln zu lassen. Wenn Sie ihn denn nicht freiwillig mitnehmen wollen, dann folgt er Ihnen eben ohne Ihre Einwilligung, verkündet er.
»Das wollen wir doch mal sehen«, zischen Sie. Dann schreiten Sie zur Tat, und zwar mit Hilfe

665 ⟵ Ihrer Körperkraft

66 ⟵ Ihrer Cleverneß

149 ⟵ Ihrer Geschicklichkeit

647

Der Rezeptionist ist in der Tat eine rechte Plaudertasche. Er erzählt Ihnen Sachen, die Ihnen schwer zu denken geben.

Luke Morelli ist ein Gangster, und zwar einer von ganz großem Kaliber. Er gehört zu den engsten Vertrauten des berühmt-berüchtigten Al Capone, und jetzt, da der gute Al wegen Steuerhinterziehung im Knast von Atlanta sitzt, ist er ganz schön in die Bedrouille geraten. Einige andere führende Mobster haben nämlich die Abwesenheit des Bosses genutzt, um selbst die Macht an sich zu reißen. Morelli, der nach wie vor treu zu Capone steht, ist ihnen dabei natürlich im Weg. Und so versuchen Sie, ihn mit allen Mitteln abzuservieren. Deshalb hat sich Morelli mit Jack Diamond, ins ›Star‹ zurückgezogen. Sie brauchen ein Weilchen, um diese Neuigkeiten zu verdauen.

Ganz automatisch kommt Ihnen der Gedanke, daß die Entführung Gloria Morellis mit den Streitigkeiten der Gangster in Zusammenhang stehen könnte. Wäre es unter diesen Umständen nicht klüger, schleunigst auszusteigen – irgendwohin, wo Morelli und andere Dunkelmänner Sie nicht aufspüren können?

Kommt nicht in Frage – Sie machen weiter → 669

Genau das – Sie hauen für ein paar Wochen ab aus Chicago → 467

648

554 ←

649

Sie erkundigen sich, wer dieser Johnny Rizzo ist, den er gerade erwähnt hat. Johnny Rizzo, erzählt Morelli, war einer von Al Capones Capos. Statt aber nun während Capones Knastaufenthalt reine Stellvertreteraufgaben zu erfüllen, hat er alle wahren Getreuen des großen Bosses abgedrängt und selbst die Macht an sich gerissen. Er, Morelli, hat sich gegen diesen Vertrauensbruch gegenüber Capone aufgelehnt. Und die Folge? Rizzo hat Gloria in seine Gewalt gebracht, um ihn zu zwingen, klein beizugeben. Kann es eine größere Schweinerei geben, als ein unschuldiges Mädchen in die Sache hineinzuziehen?

Sie sehen das auch so – wirklich eine Sauerei. Natürlich wollen Sie alles tun, um Morellis Tochter zu befreien.

Nach Ansicht Ihres Auftraggebers wird Gloria wahrscheinlich in Rizzos Villa im Vorort Cicero festgehalten. Er würde ja am liebsten selbst die Villa stürmen, aber wie das Beispiel Jack Diamond zeigt, kann er sich auf niemanden mehr verlassen. Und vielleicht ist statt Gewalt ja auch eher List angebracht. Und da, meint Morelli, sind Sie wohl der richtige Mann. Was Sie an einem einzigen Tag schon alles geleistet haben . . .

Geschmeichelt nicken Sie, lassen sich Rizzos Villa genau beschreiben und verabschieden sich dann von Luke Morelli.

→ 566

650

Sie zerquetschen einen Fluch zwischen den Lippen. Ihre Hoffnung, daß sich der Bastard kaputtkauft, hat sich nicht erfüllt.

246 ← Der Bankhalter hat genau 21 Augen

265 ← Er hat 17, 18, 19 oder 20 Augen und nimmt keine weitere Karte

651

Am nächsten Morgen wachen Sie gegen neun Uhr auf. Sie fühlen sich gut ausgeruht und schwingen sofort die Beine aus dem Bett. Nachdem Sie ein paar Eier mit Speck in die Pfanne geschlagen und einen Topf Kaffee aufgebrüht haben, frühstücken Sie ausgiebig. Dann sind Sie zur Tat bereit.
Erster Programmpunkt: Luke Morellis Identität. Wissen Sie schon, wo Sie Ihren Auftraggeber finden, oder müssen Sie noch bei Rechtsanwalt Foxstone Erkundigungen einholen?

Sie kennen Morellis Aufenthaltsort bereits —> 322

Sie fahren zu Foxstone —> 105

652

Ein kurzes Gespräch an der Rezeption, dann bekommen Sie Bescheid, daß Luke Morelli Sie in seinem Zimmer erwartet.
Ihr Auftraggeber ist ganz begierig darauf, zu hören, was Sie in Erfahrung gebracht haben. Als Sie ihm berichten, daß seine Tochter entführt wurde, scheint er nicht sonderlich überrascht zu sein. Offenbar hatte er diese Möglichkeit bereits in Betracht gezogen. Bevor Sie und Morelli den Stand der Dinge weiter erörtern können, geschieht etwas Überraschendes . . . —> 666

653

Ihre Zahlungsverweigerung hat äußerst unangenehme Folgen. Der Cop nimmt Sie mit zum Revier, und dort hält Ihnen ein Captain eine Standpauke, die darauf hinausläuft, daß Gesetzesbrecher wie Sie charakterlich nicht geeignet sind, die verantwortungsvolle Tätigkeit eines Privatdetektivs auszuüben. Bis zur Verhandlung vor dem Richter beschlagnahmt er Ihre Lizenz, und ohne diese sind Sie ein professionelles Nichts. So müssen Sie leider davon absehen, den Fall Morelli weiter zu verfolgen ...

654

Trotz seiner massigen Figur erweist sich Ihr Gegner keineswegs als kurzatmig. Sie sind es, dem als erstem die Luft ausgeht. Und so kommt es, wie es kommen muß. Der Vierschrötige schafft es, seinen Revolverarm aus Ihrer Umklammerung zu befreien. Dann schlägt er wuchtig mit dem massigen Lauf der Waffe zu. Sie werden an der Schläfe getroffen und verlieren sofort das Bewußtsein.

569 <—

655

»Ja, hier ist jemand«, ertönt eine schnarrende Stimme in Ihrem Rücken. »Und gerade noch rechtzeitig, wie's aussieht!«
Sie fahren herum und sehen einen älteren Mann in einer Art Phantasieuniform vor sich stehen, der einen überdimensionalen Revolver auf Sie richtet. Ein Nachtwächter, der Ihre Absichten ganz offensichtlich gründlich verkennt.

→ 672

656

Potter wohnt gleich um die Ecke, im ersten Stock eines Mietshauses, das Sie in weniger als zwei Minuten erreichen. Sie blicken zum Fenster der Wohnung hoch und sehen, daß Licht brennt. Ob Vier-Finger-Butch schon anwesend ist? Sie rechnen nicht damit, denn der Kerl dürfte Sie zur Zeit wohl noch in East Chicago suchen. Warten Sie also auf ihn . . .

→ 673

657

Sie machen einen wilden Hechtsprung mit dem Ziel, die brennende Lunte von der Bordwand zu reißen. Und Sie schaffen es. Frei in der Luft schwebend bekommen Sie mit den Fingern Ihrer rechten Hand die Zündschnur zu packen. Im nächsten Augenblick stürzen Sie ins Wasser – und die Zündschnur mit Ihnen.

→ 676

658

Geradezu widerwillig greifen Sie nach dem Telefon. Wenig später werden Sie mit Ihrem Auftraggeber verbunden. Schweren Herzens berichten Sie ihm von Ihren Erlebnissen im Hause Rizzos, von der verpaßten Chance an der Bahnhaltestelle und natürlich auch von der Morddrohung, die Rizzo gegen Gloria Morelli ausgestoßen hat. Wenn sie nun aber geglaubt haben, daß Ihr Auftraggeber geschockt ist, dann haben Sie sich getäuscht. Morelli scheint hocherfreut zu sein und erklärt Ihnen, daß Sie Ihren Auftrag als erledigt ansehen können. Ein Erfolgshonorar in Höhe von 1000 $ wird Ihnen noch zugehen. Mit diesen Worten beendet er das Telefonat.

Ihr Mund steht vor Staunen offen, als Sie
674 ← den Hörer ebenfalls auflegen.

659

Mit einem Panthersatz springen Sie den Mann mit dem Revolver von hinten an und. Und dann beginnt ein Zweikampf, bei dem Sie sich beweisen müssen – in Form einer Körperkraftprobe natürlich.

Sie würfeln eine

671 ← 1 – 2

39 ← 3 – 4

17 ← 5 – 6

660

Nein, Sie lassen sich nicht nervös machen. Miller muß aus dem gegenüberliegenden Zimmer gekommen sein, hat Sie also nicht von vorne gesehen. Deshalb kann er auch nicht wissen, daß Sie ebenfalls eine Waffe haben. »Okay, sie haben gewonnen«, sagen Sie ruhig. »Wenn Sie auch mich umlegen wollen – warum tun Sie's nicht?«
Ihre Kaltblütigkeit verunsichert den Lehrer offenbar. Sie spüren, wie er zögert, wie der Druck der Pistolenmündung in Ihrem Nakken nachläßt. Und schon handeln Sie. Blitzschnell reißen Sie den Kopf nach unten und lassen sich zur Seite fallen.
Miller schießt, trifft jedoch nur die Tür von Nummer 19. Ihnen bleibt keine andere Wahl, als zurückzuschießen. Und Sie treffen besser als er. Miller torkelt, die Pistole entgleitet seinen plötzlich kraftlosen Fingern, er stürzt zu Boden.
Sie erkennen auf Anhieb, daß er nur noch wenige Augenblicke zu leben hat. Schnell beugen Sie sich über den Sterbenden. »Warum?« fragen Sie. »Warum haben Sie Morelli erschossen?«
Er bewegt die Lippen, will etwas sagen. Sie beugen sich tiefer, um ihn besser verstehen zu können. Aber er beantwortet Ihre Frage nicht, preßt etwas ganz anderes hervor: »Der ... der ... Schlüssel ... Foxstone ...«
Mehr kommt nicht. Seine Lippen hören auf zu beben, seine Augen blicken starr. Frank Miller ist tot.

→ 679

661

Nicht zu fassen – fünf Karten und immer noch nicht tot. Sie sehen Ihre Felle davonschwimmen.

246 ← Der Bankhalter hat genau 21 Augen

265 ← Er hat 17, 18, 19 oder 20 Augen und nimmt keine weitere Karte

662

Als Sie aus dem ›Star‹ auf die Straße treten, ist die Abenddämmerung schon angebrochen. Aber bevor Sie sich zu Johnny Rizzo auf den Weg machen, hat erst einmal etwas anderes Vorrang: Ihr knurrender Magen. Wartet Frank Miller in dem Speak gegenüber auf Sie?

9 ← Nicht, daß Sie wüßten

70 ← Wenn ihm die Zeit nicht zu lang geworden ist, wartet er auf Sie

663

Nach Mary-Lous Generalbeichte können Sie nur noch eins sagen: Wie der Vater, so die Tochter.

Mary-Lou wußte schon seit einiger Zeit, daß nicht Gloria, sondern sie die Tochter Morellis war. Ihr Vater hatte ihr die Wahrheit anvertraut, nachdem er sich mit der Million bei Rizzo abgesetzt hatte und um sein Leben fürchten mußte. Für den Fall eines Falles sollte seine Tochter gut versorgt sein. So hatte er die Million in einem Bankschließfach deponiert und den Schlüssel bei seinem Anwalt Foxstone hinterlegt. Im Falle seines Todes – und nur dann – sollte Foxstone den Schlüssel dann der Person aushändigen, die sich mit einem Codewort melden würde. Und diese Person war natürlich Mary-Lou. Morellis Fehler war, daß er von Mary-Lou dieselbe Liebe erwartete, die er für sie empfand. Aber Mary-Lou liebte nicht ihn, sondern Frank Miller. Und so schmiedeten die beiden das Komplott, Morelli zu töten, um die Million möglichst schnell in ihren Besitz zu bringen. Und *Sie* spielten dabei eine wichtige Rolle. Weder Mary-Lou noch Miller wußten, wo sich Morelli aufhielt. Erst indem sich der verbrecherische Lehrer an Ihre Fersen heftete, kam er Morelli auf die Spur. Aber letzten Endes konnten Sie ihn und seine saubere Geliebte dann doch noch am Ernten der bösen Früchte hindern.

→ 677

664

Viel kann Ihnen Mary-Lou Frazetta nicht erzählen. Gloria hat nie davon gesprochen, daß sie das Internat verlassen wollte. Sie fühlte sich hier wohl und hatte auch keinen Freund, der sie vielleicht auf dumme Gedanken gebracht hätte. Alle ihre Sachen – Kleidungsstücke und Privatutensilien – befinden sich nach wie vor im Zimmer. Es fehlt nur das, was sie am Tag ihres Verschwindens trug – einen roten Rock, eine geblümte Bluse, weiße Schuhe. Diese Sachen hatte sie während des morgendlichen Schulunterrichts an.
Ob sich Mary-Lou nicht gewundert hat, daß Gloria am fraglichen Tag nicht zum Mittagessen erschienen ist?
Gloria ließ das Mittagessen öfter mal ausfallen und machte statt dessen einen Spaziergang.
Wohin?
Mary-Lou zuckt die Achseln. Zum nahe gelegenen Elmhurst College hinüber oder auch in den Wald, der nördlich vom Schulgelände anfängt.

Noch 664

Mehr Informationen kann Ihnen die Freundin Glorias nicht geben. Was wollen Sie jetzt tun?

Andere Schülerinnen und Lehrer befragen → 4

Zum Elmhurst College hinübergehen → 25

Den Wald inspizieren → 46

Nach Chicago zurückfahren, weil hier keine weiteren Erkenntnisse zu gewinnen sind → 466

665

Kurz entschlossen ballen Sie die Faust, nehmen leicht die rechte Schulter zurück und schlagen kurz und trocken zu. Über die Wirkung Ihrer Geraden entscheidet eine Körperkraftprobe. Sie würfeln

1 oder 2 → 47

3 oder 4 → 26

5 oder 6 → 5

666

Urplötzlich wird die Tür aufgerissen. Ein Mann steht im Rahmen, eine Pistole in der Hand: Frank Miller! Der Lehrer feuert. Morelli stöhnt auf. Sein Hemd färbt sich blutrot. Er bricht zusammen, rührt sich nicht mehr. Da schießt Miller noch mal.
Sie spüren einen furchtbaren Schlag gegen die Brust, ein entsetzliches Brennen, das sich in Ihr Herz hineinfrißt. Dann hauchen Sie Ihr Leben aus. Die wahren Hintergründe des Entführungsfalles Gloria Morelli werden Sie somit nicht erfahren. Aber das dürfte Ihnen jetzt wohl auch gleichgültig sein . . .

667

Massige Typen neigen zur Kurzatmigkeit. Zum Glück macht Ihr Gegner in dieser Beziehung keine Ausnahme, und so schaffen Sie es schließlich, ihm den Revolver aus der Hand zu winden. Seine Niederlage vor Augen, will er um Hilfe rufen. Aber dazu geben Sie ihm keine Gelegenheit. Ein kurzer trockener Hieb mit dem massiven Revolverlauf auf den Hinterkopf setzt den Kerl außer Gefecht. Er erschlafft in Ihren Armen und verliert das Bewußtsein. Ohne jede Frage wird er eine ganze Weile im Land der Träume verbringen.
Der Weg zum Haus liegt vor Ihnen. Nur daß Sie ihn jetzt so gehen, wie Sie wollen.

354 ←

668

Kein Grund zur Aufregung. Der Cop will gar nichts von Ihnen, steht wahrscheinlich nur da, weil er nichts Besseres zu tun hat. Problemlos können Sie Ihr Haus betreten. → 10

669

Mut haben sie, das muß man Ihnen lassen. Wie wollen Sie nun weiter vorgehen?

Sie knöpfen sich zunächst Jack Diamond vor → 7

Sie reden gleich mit Luke Morelli → 93

670

»Gibt's doch gar nicht«, murmeln Sie leise vor sich hin, als Sie erkennen, daß sich Ihr Widersacher auch mit der fünften Karte noch nicht übernommen hat.

246 ← Der Bankhalter hat genau 21 Augen

265 ← Er hat 17, 18, 19 oder 20 Augen und nimmt keine weitere Karte

671

Langsam, aber sicher gewinnt Ihr Gegner bei dem wilden Ringen die Oberhand. Er schafft es, seine Revolverhand, die Sie verzweifelt umklammern, frei zu bekommen. Und damit ist Ihr Schicksal – und wohl auch das Gloria Morellis – besiegelt.
Das letzte, was Sie noch sehen, bevor Sie die tödliche Kugel trifft, ist das Gesicht des in Ihre Wohnung eingedrungenen Killers – das Gesicht Jack Diamonds . . .

672

Sie müssen viel Mühe aufwenden, um dem Wächter klarzumachen, daß Sie kein Einbrecher sind, sondern ein hier verstecktes Mädchen befreien wollen. »Mann«, sagt der Alte, »wie soll man in dem Bau jemanden gefangenhalten? Die Fenster sind nicht verglast – man könnte hier draußen sogar hören, wenn da drin einer schnarcht.«
Da ist was dran, müssen Sie zugeben. Und als der Wächter, der seinen Colt inzwischen doch weggesteckt hat, Ihnen auch noch ganz im Vertrauen mitteilt, daß seiner Meinung nach in diesem Lager illegaler Whiskey gelagert wird, beginnen Sie Ihren Irrtum langsam einzusehen. Bei dem belauschten Gespräch in Rizzos Anwesen ging's wohl nicht mehr um Gloria Morelli, sondern schon um die Schwarzbrennergeschäfte der Gangster. Ja, alles spricht dafür, daß Sie mit Zitronen gehandelt haben.

→ 12

673

Sie stehen im Eingang eines Nachbarhauses und warten und warten und warten. Kein Vier-Finger-Butch kommt. Schließlich gelangen Sie zu der Überzeugung, daß er wohl gar nicht mehr erscheinen wird. Und da gibt's nur eins: Sie werden jetzt zu Chuck Potter gehen und sich erkundigen,
15 ← wo der Vierfingrige wohnt.

674

Sie verstehen jetzt gar nichts mehr und wundern sich nur noch. Aber machen Sie sich keine weiteren Gedanken – der ganze Fall war wohl doch eine Nummer zu groß für Sie. Freuen Sie sich über das Honorar, das Sie verdient haben, und kümmern Sie sich in Zukunft wieder um das, wovon Sie wirklich etwas verstehen – um die Seitensprünge ungetreuer Ehemänner . . .

675

Wenn Sie von einem Attentat nichts wissen, können Sie Rizzo auch nichts darüber berichten. Aber Sie haben ohnehin schon
52 ← genug erzählt.

676

Die Explosionsgefahr ist abgewendet, Dafür besteht jedoch die Möglichkeit, daß irgend jemand auf Sie aufmerksam geworden ist – laut genug auf die Wasseroberfläche geklatscht sind Sie ja.
Sie verhalten sich ganz still, klammern sich an der Bordwand fest, um keine verräterische Bewegungen machen zu müssen. Auf dem Hausboot rührt sich nichts. Wenn jemand an Bord ist, und davon müssen Sie ausgehen –, dann hat er offenbar nichts von Ihnen bemerkt.
Aber ein anderer scheint alles mitgekriegt zu haben – an Land. Das plötzliche Aufheulen eines Motors und das Quietschen durchdrehender Reifen spricht jedenfalls deutlich dafür, daß hier irgendein Schurke den Schauplatz seines heimtückischen Verbrechens fluchtartig verlassen hat.

→ 16

677

Und wer hat die Million zum Schluß bekommen? Weder Mary-Lou noch Gloria, sondern . . . Foxstone. Der saubere Anwalt Morellis ist mit dem Erbe seines Mandanten ganz einfach durchgebrannt.
Aber grämen Sie sich nicht. Sie haben den ganzen komplizierten Fall im Prinzip vorbildlich gelöst. Und was sind schon Geld und Gut? Vielleicht ist Ihnen und der reizenden Gloria ja etwas anderes viel lieber – das große Happy-End . . .

→ 685

678

Sie werden Morelli vorher sagen, daß Sie Ihr Wissen einer Vertrauensperson mitgeteilt haben, die im Falle Ihres Ablebens unverzüglich Johnny Rizzo benachrichtigen und ihm alles über die wahre Identität seiner Tochter erzählen wird. Unter diesen Umständen kann er es eigentlich gar nicht wagen, Sie umzubringen. Daß diese Vertrauensperson in Wirklichkeit gar nicht existiert, kann er ja nicht wissen, oder?

100 ←

679

In der Pension beginnt es laut zu werden. Gleich werden Sie von Leuten umringt sein – dann nämlich, wenn sich Gäste und Personal sicher sind, daß nicht noch weitere Schüsse fallen. Aber vorher wollen Sie doch bestimmt noch etwas tun, oder?

Legen Sie eine Cleverneßprobe ab. Sie würfeln eine

21 ← 1 – 2

40 ← 3 – 4

123 ← 5 – 6

680

Sie werden Morelli vorher sagen, daß Sie Ihr Wissen einer Vertrauensperson mitgeteilt haben, die im Falle Ihres Ablebens unverzüglich die Polizei benachrichtigen wird. Unter diesen Umständen kann er es eigentlich gar nicht wagen, Sie umzubringen. Daß diese Vertrauensperson in Wirklichkeit gar nicht existiert, kann er ja nicht wissen, oder?

→ 100

681

Na endlich, jetzt hat er es hinter sich. Ihre schon leicht düstere Miene hellt sich wieder auf, denn der Bankhalter hat mehr als 21 Augen und damit verloren.

→ 286

682

Sie entscheiden sich für die rechte Seitenstraße. Und damit liegen Sie goldrichtig, denn wenig später haben Sie die Rücklichter des Caddy wieder im Visier.

23 ←

683

Glück gehabt, dieser bittere Kelch geht an Ihnen vorüber. Aber vielleicht müssen Sie ja doch noch doppelt zahlen – dann nämlich, wenn der Bankhalter nach seiner ersten Karte den Einsatz verdoppelt hat. Ist das der Fall?

392 ← Ja

381 ← Nein

684

Ob es natürlich ist, daß ein Mann mit Ihren Zielsetzungen vorher Whiskey trinkt, muß doch stark bezweifelt werden. Detektive im Roman tun das vielleicht, echte Detektive sollten jedoch davon absehen, wenn sie nicht die entsprechenden Konsequenzen tragen wollen.

396 ←

685

Die Programm-Alternative: Bastei-Lübbe-Paperback

Band 28 166

Das große König Artus Spielbuch

Originalausgabe

Stellen Sie sich vor:
Sie sind ein Sagenheld in der Welt des König Artus und seiner Tafelrunde und ziehen mit Lanzelot und Parzival aus, den heiligen Gral zu suchen.
Welchen Weg werden Sie wählen:

- den des Recken, der auf seine schimmernde Rüstung und seine starke Lanze vertraut?
- den des Barden, der mit seinem Lied die Drachen besänftigt und die Frauen betört?
- den des Zauberers, der mit Merlins Kunst den Weg des Schicksals vorauszusehen vermag?

Doch nur wer sich im Handeln und Denken als wahrer Ritter erweist, wird an das Ziel gelangen – ehe die letzte Schlacht beginnt.

Von Seite zu Seite trifft der Leser wie in den populären Fantasy-Rollenspielen Entscheidungen, mit denen er die Handlung gestaltet. Eine ausführliche Spielanleitung macht das Buch zu einem Freizeitabenteuer für alle Spielbegeisterten.

BASTEI LÜBBE

Sie erhalten diesen Band im Buchhandel, bei Ihrem Zeitschriftenhändler sowie im Bahnhofsbuchhandel.

Die Programm-Alternative: Bastei-Lübbe-Paperback

Band 28 142
Robert Wolf
Das große Troja-Spielbuch
Originalausgabe

Nach dem Riesenerfolg von »Das große Nibelungen-Spielbuch« hier ein neues mythologisches Beschäftigungsbuch, in dem der Leser als Gefährte von Achill und Odysseus die Wirren des trojanischen Krieges überstehen muß. Wie bei den populären Rollenspielen entscheidet man von Seite zu Seite selbst über den Fortgang der Handlung – ein Lesevergnügen für Spiele-Fans.

BASTEI LÜBBE

Sie erhalten diesen Band im Buchhandel, bei Ihrem Zeitschriftenhändler sowie im Bahnhofsbuchhandel.

Die Programm-Alternative: Bastei-Lübbe-Paperback

Band 28 127

DAS GROSSE NIBELUNGEN-SPIELBUCH

Originalausgabe

Der Leser wird zum Sagenheld in der Welt von Hagen und Siegfried und nimmt am Kampf um den legendären Nibelungenhort teil. Nur wer Kampfkraft, Klugheit und Zauberkunst geschickt verbindet, gelangt zum Ziel, wenn er nicht vorher an einer schönen Walküre scheitert.

Von Seite zu Seite trifft der Leser wie in den populären Fantasy-Rollenspielen Entscheidungen, mit denen er die Handlung gestaltet. Eine ausführliche Anleitung macht das Buch zum Lese- und Spielvergnügen für Kinder und Erwachsene.

BASTEI LÜBBE

Sie erhalten diesen Band im Buchhandel, bei Ihrem Zeitschriftenhändler sowie im Bahnhofsbuchhandel.